결국 소통만이 답이다

결국 소통만이 답이다

MBTI로 이해하고, 코칭으로 소통하라

초 판 1쇄 2024년 10월 08일

지은이 장정은
펴낸이 류종렬

펴낸곳 미다스북스
본부장 임종익
편집장 이다경, 김가영
디자인 임인영, 윤가희
책임진행 이예나, 김요섭, 안채원, 김은진, 장민주

등록 2001년 3월 21일 제2001-000040호
주소 서울시 마포구 양화로 133 서교타워 711호
전화 02) 322-7802~3
팩스 02) 6007-1845
블로그 http://blog.naver.com/midasbooks
전자주소 midasbooks@hanmail.net
페이스북 https://www.facebook.com/midasbooks425
인스타그램 https://www.instagram.com/midasbooks

ISBN 979-11-6910-841-6 03190

값 18,500원

미다스북스는 다음세대에게 필요한 지혜와 교양을 생각합니다.

결국 소통만이 답이다

MBTI로 이해하고, 코칭으로 소통하라

장정은 지음

미다스북스

1장   소통이 불통이 될 때

2장   소통의 기본기, 이해의 힘

3장   소통의 윤활제, 인정의 힘

일러두기

이 책에 나오는 사례들은 저자의 강의 및 코칭 경험을 기반으로 재구성했습니다.

고객의 비밀 보장을 위해 특별한 사례의 경우 사전 동의를 구했으며, 그렇지 못한 경우 이름,

직업, 연령, 성별 등을 각색한 점 참고 바랍니다.

책 제목으로 채택된 명제 『결국 소통만이 답이다』에 전적으로 공감한다. 책이 겨냥한 독자층은 '조직에서 일하는 사람', 즉 리더와 구성원이다. 종종 조직은 개인 역량을 합한 값보다 훨씬 큰 힘을 내며, 놀라운 결과를 만들어낸다. 팀원들이 서로를 믿고, 목표를 공유하며, 함께 하는 경험을 즐길 때 일어나는 기적이다.

무엇이 사람들로 하여금 서로 믿고, 협업을 즐기며, 한 방향으로 나아가게 하는 걸까. 저자는 '소통'이라고 답한다. 소통하기 위해서는 서로를 이해하고, 인정하며, 경청하고, 올바로 질문해야 한다. 무엇보다 공감할 줄 알아야 한다. 저자는 이 모든 과정을 푸는 열쇠를 독자에게 쥐여 주고 싶어 한다.

저자 명함엔 '더다름연구소 대표'라 인쇄돼 있다. '사람은 모두 다른 존재이며, 다르다는 그사실이 창조와 기적의 에너지'라는 믿음 없이는 존재할 수 없는 직함이다. 소통을 통해 다름을 축복으로 승화시키려는 그의 노력에, 그 결실 중 하나인 이 책에 박수를 보낸다.

허승호(前 동아일보 논설위원)

소통의 중요성을 모르는 사람은 없다. 거의 모든 자기계발서에는 빠짐 없이 소통의 중요성이 소개된다. 그만큼 중요하고, 그만큼 쉽지 않다는 이야기다. 소통을 전문적으로 강의하는 소통 전문가와 대화를 나누면서도 제대로 소통이 되지 않음을 느끼는 것이 현실이다. 다양한 소통 기법들이 소개되지만 소통을 말로, 혹은 글로 배우는 사람이 많아 불통의 시대가 되어간다. 소통은 기본적으로 삶의 가치에 대한 진지한 깨달음과 상대방에 대한 배려 및 이해가 선행되어야 한다. 이런 면에서 평소 탁월한 소통능력으로 주위 사람들을 행복하게 하는 장정은 대표의 이번 책이 반갑기 그지 없다. 누구보다 진정성 있는 소통을 잘 하는 비결이 늘 궁금했는데 이렇게 한 권의 책으로 소개해 주니 감사한 마음까지 든다. 늘 상대방을 배려하면서 몸소 보여주는 소통 능력을 포함해 전문 코칭 스킬과 MBTI 등 전문가로서 본인만의 노하우를 아낌없이 풀어간 글들을 보면서 무릎을 탁 치게 된다. 이 시대의 최고 부자는 상대방의 마음을 얻는 사람이다. 이 책이 소통을 넘어 행복한 인생을 위한 열쇠를 제공해 줄 것이라 확신한다.

이주형(현진스포텍 경영관리본부장, 작가, 인증전문코치(KPC), 인증전문퍼실리테이터(CPF))

소통은 관계 속의 '너와 나'를 알아가는 것, 내가 누구인지?를 아는 것은 소통의 출발이며, 인정과 공감은 너를 아는 것의 시작이다.
우리는 '너와 나'를 알아가기 위해 얼마나 많은 노력을 하는가? '너와 나'의 마음의 소리를 듣기 위해 얼마나 마음의 문을 열고 경청하는가? 깊은 내면을 들여다 보기 위해 어떤 질문을 하는가?에 대한 성찰과 현실적인 대안을 제시해 주고 있으며, 조직을 살리는 소통 솔루션을 제공해 준다.

황보종현(대상(주) 소재 총괄 자문, 美 Gallup 인증 글로벌 강점코치)

오랜 직장 생활을 하면서 개인과 조직에서 가장 중요하고 힘든 게 바로 '소통'이지 않을까 싶다. '글을 시작하며'의 '소통이 힘든 당신에게'라는 문구가 마치 일과 삶 속에서 소통으로 인해 크고 작은 어려움을 겪었거나 겪고 있을 사람들과 소통을 잘하며 살아가고 싶어 하는 모든 사람들에게 책을 통해 손 내미는 저자의 따뜻한 위로같이 느껴졌다.

개인적으로 늦게 코칭을 공부했고, 같이 활용하면 좋을 다양한 진단 도구에 대한 배움도 늦었다. 좀 더 빨리 배우고 알았다면 얼마나 좋았을까 하는 아쉬움이 들 때도 있지만 그래도 이제라도 알게 되어 참 다행이라는 생각이 든다.

사람과 사람 사이, 조직과 조직 사이에서 누군가 더 잘 소통하며 살기 위해 고민하며 길을 찾고 있다면 손에 꼭 쥐여 주고 싶은 책이다.

신혜숙(前 의료 광고마케팅 메디비전 대표, 現 기술개발 스타트업 TSN Lab 마케팅 총괄 책임자(CMO))

AI 기반의 4차산업혁명 시대에 Chat GPT나 Robot으로 대체 불가한 일잘러의 핵심필수 역량인 Human Skill(Soft Skill)의 학습지침서라고 표현하고 싶다. 『결국 소통만이 답이다』는 소통의 기본은 타인에 대한 호기심과 진정성에 근간을 두고 침묵의 자기내면의 마음으로 듣고 온몸으로 대화하며, 경청과 질문을 통한 마음 근력으로 나와 리더, 그리고 조직이 우리가 되도록 공감과 신뢰의 첫발을 내딛는 용기와 희망의 등불이 되어 줄 것이다.

이형배(삼성전자 기획 및 HR 부문 리더 및 삼성서울병원 행정부원장)

소통이 힘든 당신에게

"내가 그런 말을 했다고? 진작 말하지."

말한 사람은 기억하지 못해도, 들은 사람은 평생 잊지 못할 말이 있습니다. 우리는 무심코 내뱉은 말에 상처받고 그 아픔을 마음 깊이 간직하며 살아갑니다. 어린 시절 부모에게 들은 말, 직장에서 상사가 던진 무심한 한마디, 가까운 가족에게 들은 비수 같은 말들이 시간이 지나도 선명하게 남아 우리를 괴롭힙니다. 하지만 나도 누군가에게 그런 상처를 줄 수 있습니다. 우리는 소통을 제대로 배운 적이 없기 때문입니다.

저는 25년 넘게 말을 다루는 일을 해왔습니다. 고객이 원하는 말을 서비스로 제공하고, 사람들의 마음을 움직여 설득하고 협상하며, 지식을 전달하고 질문하며 함께 답을 찾아가는 일 등 다양한 소통을 경험했습니다. 그 과정에서 배운 가장 중요한 것은 '내가 하고 싶은 말보다 상대방이 듣고 싶어 하는 말을 할 때 오히려 내가 원하는 것을 얻을 수 있었다.'라는 사실입니다. 하지만 이 사실을 머리로 알고 있어도 실제로 내 말이 쉽게 바뀌지는 않는다는 점도 깨달았습니다. 결국 이해하는 것만으로는 부족하고 몸에 익힐 때까지 꾸준한 연습과 노력이 필요하다는 것을 알게 되었습니다.

말을 못 하는 사람은 없지만, 제대로 말하는 사람을 만나기는 쉽지 않습니다. 저 역시 소통이 어려웠던 사람이었습니다. 저만의 기준으로 세상을 바라보며 다른 사람을 이해하려 하기보다는 내 말을 전하기 바빴던 적이 많았습니다. 그러다 보니 관계에 어려움이 생기고 말이 어긋나는 상황도 많았죠. 하지만 소통의 문제는 저만의 이야기가 아닙니다. 많은 사람이 비슷한 고민을 안고 살아갑니다. 이 책은 그런 당신을 위해 쓰였습니다. 소통이 왜 어렵고, 어떻게 하면 진정한 소통을 할 수 있는지 함께 탐구해 보려고 합니다.

이 책은 단순히 소통 방법만을 이야기하지 않습니다. 소통이 왜 어려운지, 우리가 겪는 상황과 그 이유를 다양한 관점에서 살펴봅니다.

1장에서는 사람들이 소통에 어려움을 겪는 이유를 탐구하며, 자신의 마음과 상황을 공감하고 타인을 이해할 수 있는 계기를 제공합니다.

2장에서는 제대로 소통하기 위해 꼭 알아야 할 기본기를 다집니다. 나와 타인을 이해하는 것이 왜 중요한지, 그리고 그것이 어떻게 변화를 끌어낼 수 있는지 구체적으로 살펴봅니다.

3장과 4장에서는 단순히 듣는 것을 넘어 상대의 목소리에 진심으로 귀 기울이는 경청의 힘을 다룹니다. 상대방의 이야기를 제대로 들었다면, 이제는 지시나 일방적인 의견이 아닌 질문을 통해 서로의 생각을 공유하며 함께 성장할 수 있는 소통법을 제시합니다. 그리고 6장에서는 진정한 소통을 위한 공감이란 무엇인지, 어떻게 해야 하는지 구체적으로 다룹니다.

7장은 나와 타인의 성향을 이해하기 위한 도구로 MBTI를 활용하는 방법도 안내합니다.

마지막으로, 소통이 어려운 당신을 위해 핵심 내용을 정리하고 실제로 적용할 수 있는 코칭 대화법을 제시합니다.

말과 글은 나 자신을 드러냅니다. 내가 사용하는 언어는 내가 경험한 모든 것을 담고 있습니다. 누구나 말을 잘하고 싶고, 소통이 잘 되는 사람이 되고 싶어 하지만, 마음만큼 실천하는 것은 쉽지 않습니다. 이 책이 당신의 소통 여정에 작은 길잡이가 되어주기를 바랍니다. 또한 소통이 어려웠던 사람들에게 작은 시도라도 시작할 용기를 주는 계기가 되길 바랍니다.

1장

소통이
불통이 될 때

"소통의 가장 큰 문제는 상대방이 이미 이해했다고 착각하는 것이다."

- 조지 버나드 쇼(George Bernard Shaw)

나는 왜 소통이 어려운 걸까?

"안녕하세요, 이번에 팀 자체적으로 소통 교육받고 싶은데 10명 미만의
소규모 강의도 진행할 수 있을까요?"

어느 날 H사 과장님이 조심스레 전화 문의를 해왔습니다. 조금 의아해서
물어보았습니다. "소통 교육이요? 보통은 이런 경우 교육 담당 부서에서
진행하는데 팀 자체적으로 교육을 요청하시게 된 계기가 있으실까요?"

과장님은 한숨을 쉬며 말을 이어갔습니다. "사실 이번에 저희 팀에서 시
상금을 받게 되었습니다. 시상금으로 거하게 회식할까 했지만 요즘 팀 내
에서 소통이 점점 어려워지고 분위기도 안 좋아서요. 이번 기회에 회식보
다는 제대로 된 소통 교육을 받고 싶습니다. 사실은 팀 소통도 중요하지만,
가족 소통 문제로도 많이 고민하고 있습니다."

과장님은 잠시 말을 멈추고 고민하는 듯한 표정을 지었습니다. 이어진
이야기를 듣고 보니 그의 고민은 단지 팀 내 문제만이 아니었습니다.

"제 첫째 아들은 사춘기 때부터 소통이 어려웠는데 성인이 된 요즘, 오히
려 더 상황이 나빠졌어요. 대화가 완전히 단절된 상태입니다. 첫째와 소통
이 어려워지다 보니 가족이 모여 대화하기가 점점 힘들어지고 있어요. 가

족끼리 모여 밥 한 끼 함께하는 것도 어색하고 말이 안 통하니까 집 안 분위기도 무거워지기만 합니다."

그는 눈빛에 깊은 고민과 힘든 마음이 담겨 있었습니다. "이번 소통 교육을 통해 어떻게 하면 팀원들, 그리고 가족과 더 잘 소통할 수 있을지 배우고 싶습니다. 사실 소통이란 게 단순히 대화하는 것만이 아니라 서로를 이해하고 공감하는 거잖아요. 그런데 요즘 그게 너무 어렵게 느껴집니다."

과장님의 이야기를 들으며 그가 소통에 대해 얼마나 진지하게 고민하고 있는지, 그리고 자신을 돌아보며 변화하려는 마음이 얼마나 간절한지 느낄 수 있었습니다.

소통이 어려운 이유는 무엇일까?

과장님의 이야기를 들으면서 자연스레 생각이 이어졌습니다. 왜 우리는 소통이 이렇게 어려운 걸까요? 이는 단순히 개인의 문제가 아니라 우리 사회 전반의 문제일 수 있습니다.

기성세대는 유교 사상이 깊게 뿌리박힌 환경에서 자라났습니다. 어른이 말하고 지시하는 것은 무조건 따르는 것이 미덕으로 여겨졌던 시대입니다. 그런 환경에서 자라온 지금의 기성세대가 급격히 변화한 시대에 다른 사고 방식을 가진 세대와 소통하기 어려운 것은 어쩌면 당연한 일일지도 모릅니다. 중요한 것은 이러한 차이를 인식하고 의식적으로 이해하며 대화하려는 노력이 필요하다는 점입니다. 하지만 문제는 많은 사람이 이 노력을 제대로 하지 않거나, 어떻게 해야 할지 몰라 변화하지 않는다는 데 있습니다.

조직 내에서 발생하는 갈등 대부분은 각자의 입장에서만 생각하고 자신이 옳다고 주장하는 데서 비롯됩니다. 이는 기성세대뿐만 아니라 요즘 세대도 마찬가지입니다. 요즘 세대는 코로나 팬데믹을 겪으며 환경적으로 많은 변화를 경험했습니다. 4차 산업혁명으로 삶은 편리해졌지만, SNS를 통해 끊임없이 타인과 자신을 비교하면서 외로움과 낮은 자존감 속에 살아가는 이들이 많습니다. 이러한 환경 속에서 타인과 마음을 나누고 소통하는 것은 더욱 어려운 일이 되었습니다.

콜 포비아(Call Phobia)와 소통의 어려움

최근에는 '콜 포비아(Call Phobia)'라는 사회적 현상까지 등장했습니다. 이는 전화 통화조차 어려워하는 사람들이 많아지면서 전화하는 법을 배우기 위해 비싼 학원비를 내고 교육받는 시대가 되었다는 것입니다. 실제로 한 뉴스 기사에 따르면, 최근 몇 년간 콜 포비아를 겪는 젊은 세대가 급증하면서 전화 통화에 대한 불안을 극복하기 위해 '전화 응대 학원'까지 등장했다고 합니다. 이 학원에서는 실제로 전화하는 법을 배우고 연습하면서 통화에 대한 두려움을 줄이는 교육을 제공합니다. 이는 소통이 얼마나 어려운지, 그리고 이러한 어려움을 해결하기 위해 사람들이 얼마나 애쓰고 있는지를 단적으로 보여주는 예라 할 수 있습니다.

콜 포비아 현상은 단순히 전화 통화에 대한 두려움을 넘어 요즘 세대가 타인과의 직접적인 소통을 얼마나 어려워하는지를 반영합니다. 이는 비단 전화 통화뿐만 아니라 대면 대화에서도 나타나고 있습니다. 소통의 기술을 배우고 싶어도 어디서부터 시작해야 할지 모르는 이들이 많습니다. 이처럼 소통이 어려워진 현대 사회에서 소통을 잘하기 위한 노력은 그 어느 때보다 중요한 과제로 떠오르고 있습니다.

소통은 시대와 환경의 영향을 받는다

소통이란 단순히 말과 글로 이루어지는 것이 아닙니다. 소통은 시대적, 환경적인 영향을 많이 받습니다. 우리가 사는 이 초개인화 시대에서도 인간은 여전히 관계의 영향을 받습니다. 가족이든 회사에서든 우리는 상호작용하며 서로의 마음을 나누고 소통하는 것이 정말 중요합니다. 비록 소통이 어렵게 느껴질지라도 서로를 이해하려는 노력이 필요한 이유입니다.

과장님처럼 스스로 문제를 인식하고 변화하려는 의지를 가지는 것이 소통의 첫걸음입니다.

결국, 소통의 진정한 시작은 나부터 변화를 시도할 때 이루어집니다. 변화는 어렵지만 자신을 돌아보고 노력할 때 우리는 더 깊이 이해하고 연결될 수 있으며, 우리가 모두 행복해지는 방법일 것입니다.

우리는 소통법을 배운 적이 없다

코로나 시기를 겪으며 우리 가족에게 가장 큰 변화는 명절 때 차례를 지내지 않는 것이었습니다. 대신 명절 연휴 직전 강원도에 계신 부모님을 뵈러 갑니다. 올해도 여전히 아이들과 새로 가족이 된 강아지를 데리고 본가에 다녀왔습니다. 하지만 출발하기 전부터 아이들은 할아버지가 반려견을 부정적으로 생각하고 있다는 것을 알고 걱정하기 시작했습니다.

'아니나 다를까!'
점심 식사를 하러 식당에 들어서면서부터 할아버지는 강아지를 차에 두고 오라고 큰소리를 쳤습니다. 이제 4개월밖에 안 된 어린 강아지를 차에 혼자 두는 것은 상상도 할 수 없는 일이라 아이들은 첫 만남부터 두려움과 반항심이 생겼습니다.

아이들은 강아지를 데리고 밖으로 나갔습니다. 한 명씩 돌아가며 밖에서 강아지를 지키고 번갈아 가며 식사했습니다. 오랜만에 만난 할아버지와 반가운 인사는커녕 반려견에 대한 부정적인 의견만 주장하는 할아버지의 모습을 보며 여러모로 실망했습니다. 중간에서 지켜보는 저도 아이들에게 미안함과 아버지에 대한 실망감이 커졌습니다.

갈등과 대화의 부재

'꼭 그래야 했을까?'

당시엔 저도 화가 나서 더 이상 강아지에 대해 이야기하지 말자며 다른 이야기로 전환했습니다. 하지만 이미 분위기는 경직되었고 아이들은 추운 날씨에 강아지를 돌보느라 점심도 제대로 먹지 못했습니다. 점심 식사 후 세배하러 집으로 갔지만, 강아지가 집에 들어오는 것을 허용할 수 없다는 할아버지의 고집 때문에 아이들과 남편은 어쩔 줄 몰라 했습니다.

'돌아가며 세배하자.'
'현관에 강아지를 잠깐 두고 인사하자.'
'그냥 차에 잠깐 두자.'

결국 강아지가 집에 들어오는 것을 강하게 반대하는 아버지 때문에 우리 가족의 명절 만남은 금세 끝나버렸습니다. 영월에 도착한 지 2시간 만에 우리는 집으로 향했습니다. 세배도 하지 못하고 가족이 함께 모여 식사도 하지 못한 채 돌아오는 발걸음은 무겁고 불편했습니다. 아무리 생각해도 아버지의 독선적이고 손녀들을 위해 잠시나마 참고 이해하려는 마음이 없었던 모습에 서운함과 안타까움이 밀려왔습니다.

소통의 필요성

돌아와서 생각해 보니 그렇게 손녀들을 돌려보낸 아버지도 미안하고 속상했을 것으로 생각했습니다. 자신의 생각은 확고했지만 '조금만 양보했더라면 분위기를 망치지 않았을 텐데….'라고 후회했을 것입니다. 돌아오는 길에 상황을 정리해 보며 그때의 갈등 상황에 비폭력 대화법을 시도했다면 어땠을지 상상해 봤습니다.

"아버지는 강아지가 사람과 집에서 함께 있는 것이 불편하셨군요." (관찰)
"요즘 반려견 문화도 이해하기 어려우셨고요."
"하지만 손녀들은 새로운 가족인 강아지와 함께 반갑게 인사 나누고 싶었나봐요."(느낌)
"아버지가 그런 마음을 조금이나마 헤아려주시고 강아지는 가방에 두겠다고 양해해 주시면 안 될까요?"(부탁)

현재 사실을 그대로 말하고 상대방의 감정을 공감하며 우리의 의견을 제시하고 부탁했다면 상황은 달라질 수 있었을 것입니다. 당시엔 저도 화가 나서 더 강하게 아버지에게 언성을 높였습니다. 비폭력 대화법을 알고 있지만 시도해 보기 어려웠습니다. 많은 사람에게 소통법에 대해 강의하고 코칭하지만 여전히 부족한 사람이라는 걸 느꼈습니다.

변하지 않는 모습

결국 세배하며 덕담 나눌 분위기는 깨졌고 서둘러 아이들과 함께 집으로 돌아왔습니다. 차 안을 감싸는 분위기는 무겁고 싸늘했습니다. 엄마로서, 아내로서 아버지의 그런 모습이 부끄럽고 미안했습니다. 그러면서 저의 어린 시절 무섭고 소통이 안 됐던 아버지의 모습이 떠오르며 지금 제가 이렇게 소통에 대해 더 알고 싶어 하는 이유를 알게 되었습니다. 그리고 배움에서 끝이 아닌 많은 노력과 훈련이 필요함을 다시 한번 느낄 수 있었습니다.

반면 시간이 지나도 변하지 않는 아버지를 조금은 이해할 수 있었습니다. 아버지는 소통을 배운 적이 없었던 것입니다. 폭력적이고 권위적인 아버지의 모습은 할아버지로부터 대물림되어 어린 시절부터 지금까지 타인을 이해하며 경청하고, 공감하는 방법을 몰랐던 것입니다. 만약 아버지가 스스로 자신의 부족한 소통력을 알아차리고 타인과 원활히 대화하는 학습과 훈련을 했다면 지금 아버지는 다른 삶을 살았을 것입니다.

소통의 중요성과 영향력

40년 동안 자동차 정비공장의 리더로, 한 가정의 아버지이자 할아버지로, 그리고 누구보다 성실하고 열정적으로 살아온 분이셨습니다. 또한 50년간 아내와 인생의 모든 순간을 함께하며 동반자로 살아온 남편으로서 배우자와의 소통법을 배웠다면 아버지의 삶뿐만 아니라 직원들과 가족들의 삶도 달라졌을 것입니다.

　〈금쪽같은 내 새끼〉, 〈금쪽 상담소〉와 같은 고민 상담 프로그램의 인기가 여전히 뜨겁습니다. 고민을 털어놓는 출연자의 사연을 잘 들어보면 항상 가족과 소통에 문제가 갈등의 시작인 경우가 많습니다. 제삼자의 관점에서 상황을 바라보면 부모의 문제가 가장 크지만 해결하기 위해 엄청난 노력이 필요하다는 것을 알게 됩니다. 오은영 박사가 아무리 훌륭한 솔루션을 제시해도 스스로 깨우치고 노력하지 않으면 쉽게 변할 수 없다는 중요한 메시지를 알게 됩니다.

　비록 우리가 어린 시절부터 소통이라는 과목에 대해 제대로 배우지는 못했지만, 소통력이 한 사람의 인생을 바꿀 수 있을 만큼 중요하다는 것을 알고 있습니다. 나로부터 시작해 가족, 친구, 직장에서의 모든 관계는 소통에서 출발하고 이어집니다. 이 모든 관계와 잘 지내고 싶다면 우선 내가 어떻게 소통하고 있는지, 어떤 사람과 유독 대화하기 어려운지에 대해 생각해보길 바랍니다. 사람은 변하지 않는다고 말하지만 노력한다면 바뀔 수 있다고 생각합니다. 무엇보다 소통력은 부단한 노력으로 나뿐만 아니라 주변 사람들까지 변화시킬 수 있을 것입니다.

3)

내 기준이 틀릴 수 있습니다

"학교 끝나고 돌아오면 숙제부터 하고 게임을 하라고 했지?"

"김 대리, 이런 건 신입이 당연히 해야지. 어떻게 사사건건 다 말해줘야 해?"

"이 건은 당연히 팀장님이 해결하는 거 아닌가요?"

모든 사람은 '나는 상대방을 이해하고 배려하고 노력한다.'고 말하지만 아이러니하게도 자주 일어나는 상황을 살펴보면 나의 관점으로 대화하게 됩니다.

아이들이 성장하며 사춘기 시기가 되면 부모와 대화가 안 된다고 이야기합니다. 방문을 닫고 혼자 있고 싶어지는 시기가 사춘기라고 하지만 아이들이 부모와 대화를 단절하는 상황은 사춘기라서 그런 거라고 하기에는 분명 부모와의 관계가 어떤지 생각해 봐야 합니다. 많은 부모님은 인생을 먼저 살아오며 본인이 겪었던 시행착오를 내 아이만큼은 하지 않고 더 나은 삶을 살아가길 바라는 마음이 간절합니다. 그러다 보니 자기 경험에 비추어 아이에게 조언할 때가 많죠. 하지만 아이는 부모의 마음보다 잔소리로 들릴 때가 많습니다.

부모의 말이 맞지만, 아이의 관점이 아닌 부모의 관점에서 일방적인 기준을 말하고, 그렇게 하길 강요하는 경우가 많기 때문입니다.

억울한 신입 vs 답답한 선배: 조직 내 소통의 민낯

회사에서도 이런 상황은 크게 다르지 않습니다.

입사하는 순간부터 신입사원이니까 당연히 해야 한다는 암묵적인 규칙들이 존재합니다. 제가 30대 후반일 때 이직하며 낯선 사람과 환경, 새로운 일에 적응하기에도 버거웠던 시기에 감정이 잔뜩 들어간 낮은 목소리로 전했던 선배의 충고가 생생히 떠오릅니다.

"신입이라면 미팅 준비부터 끝나고 나면 뒷정리까지 눈치껏 알아서 해야지!"

우선 죄송하다고 말하며 다음부터는 반드시 제가 다 정리하겠다는 말이 먼저 튀어나왔습니다. 하지만 뭔가 모를 억울함과 선배에 대한 불편한 감정이 자리 잡았고, 그 뒤로 선배와 소통을 자제하게 되니 업무적인 소통까지 불통으로 이어지게 되었습니다.

상사에게도 직원들이 생각하는 당연함은 존재합니다.

평소 일 잘한다고 소문난 김 팀장은 요즘 심리상담을 받고 있다고 합니다. 팀 실적 달성을 위해 개인별 성과까지 챙겨야 하는 것은 물론 새롭게 기획한 프로젝트 준비를 위해 매일 야근까지 하며 일도 팀원과의 관계에서도 좋은 팀장이 되고 싶은 것이죠.

더구나 타 부서와 협업할 때도 자신이 희생하며 일을 더 맡게 될 때도 많습니다. 그러다 보니 주변 사람들이 생각하는 김 팀장의 업무는 점점 과부하 되어 번아웃을 겪었다고 합니다.

빠르게 경제 성장을 이룬 대한민국 사회에서는 특히 효율과 생산성, 그리고 빠른 성과에 더 집중된 소통을 하는 경우가 많습니다. 비단 조직뿐 아니라 가정이나 학교에서도 의식하지 못한 채 사람에 집중하기보다 문제 해결과 결과에 급급한 대화를 하게 되는 것이죠.

그러다 보니 개인의 다양한 생각을 듣고 서로 다른 점에 대해 이해해 보려는 과정이 생략된 체 각자만의 이렇게 해야 한다는 암묵적인 규정이 자리 잡게 될 때가 많습니다.

요즘 조직에서는 Z세대와 함께 일하려면 '4요 주의보'라는 표현을 기억해야 한다고 합니다. 4요는 신입 구성원들이 많이 하는 '이걸요?', '제가요?', '왜요?', '또요?'를 줄인 말입니다. 요즘 MZ세대를 일컬어 만들어낸 말이지요.

리더가 지시하는 업무라면 군소리 없이 했던 기성세대와 달리 당연하지 않은 신입사원의 질문에 당황스럽고 함께 일하기 힘들다는 리더의 목소리를 강의 현장에서도 자주 듣게 됩니다. 또한 요즘 세대들과 소통해 보기 위해 커피챗이나 저녁 식사를 함께하려 해도 모두 약속 있다며 피하는 것 같아 서운하다는 리더의 마음을 듣곤 합니다. 그런데 함께 저녁 식사하며 팀원과 소통하려는 노력은 좋은 시도지만 서운한 감정보다 우선 그들이 어떤 이야기를 듣고 싶어 하는지를 먼저 고민해 볼 필요가 있습니다.

프레임 전환: 상대의 안경 써보기

4요를 말하는 Z세대가 원하는 것은 커피나 맛있는 식사보다 객관적이고 공정한 조직을 원합니다. 어쩌면 기성세대도 공정한 조직을 원했지만 과거부터 경험해 온 관습과 암묵적 규정들에 따를 수밖에 없었고, 어느새 그동안의 관습이 기준이 되어버린 것이죠. 내가 경험하고 생각하는 기준을 적용하며 요즘 세대를 이기적이고 이해하기 어렵다고 생각하기 전에 '왜 이런 모습들이 자주 나타날까?', '어떻게 하면 이들과 이해하며 소통할 수 있을까?'를 고민해 보는 것이 훨씬 가까워질 수 있는 방법입니다. 반대로 조직 구성원이 리더를 바라볼 때도 자신의 기준에서 당연한 점들이 타인에게도 당연하지 않다는 것을 기억해야 합니다.

사람은 누구나 자신이 경험해 온 것을 토대로 이해하고 나만의 프레임으로 세상을 바라보며 판단하게 됩니다. 지극히 당연한 현상이지만 내가 쓰고 있는 나만의 프레임이라는 안경을 타인에게도 똑같이 씌우려는 생각이 수많은 오해와 갈등을 불러일으키게 되죠.

『프레임』의 저자 최인철 교수는 어떤 문제를 바라보는 관점, 세상을 관조하는 사고방식, 세상에 대한 비유, 사람들에 대한 고정관념 등이 모두 프레임에 속한다고 말합니다.

또한 "삶의 상황들은 일방적으로 주어지지만, 그 상황에 대한 프레임은 철저하게 우리 자신이 선택해야 할 몫이다. 더 나아가 최선의 프레임을 선택하고 결정하는 것은 우리에게 주어진 인격성의 최후 보루이자 도덕적 의무다."라고 강조합니다.

사랑하는 내 가족을 위해 해주는 말이라며, 팀원을 위해 내가 아끼는 마음으로 더 신경 써서 해주는 조언이라며 하는 말이 상대에겐 오히려 불통의 원인이 될 수 있습니다. 또한 나보다 직급이 높고, 경험이 많은 상사는 당연히 모든 걸 잘해야 한다는 기준 역시 상대도 공감할 수 있는지 먼저 생각해 보고 소통하는 자세가 필요합니다.

침묵이 미덕인 대한민국 소통문화

많은 조직의 회의 분위기를 보면 침묵이 미덕처럼 여겨집니다. 회의 중 적극적으로 의견을 제안하기보다 조용히 있는 것이 더 안전하다고 생각하는 사람이 많습니다. 괜히 새로운 아이디어를 냈다가 그 결과에 대한 책임까지 지게 될까 봐 차라리 침묵을 선택하는 것입니다. 이런 분위기 속에서는 결과적으로 새로운 시도가 줄어들고 창의적인 아이디어가 사라지기 쉽습니다.

강의 현장에서도 비슷한 경험을 자주 합니다. 강의가 끝날 때쯤 질문이 있는지 여쭤보면 대부분 질문이 없는 편입니다. 하지만 강의가 끝난 후 조용히 찾아와 질문하시는 분들이 있습니다. 왜 강의 중에는 질문하지 않으셨는지 여쭤보면 "사람들이 늦게 끝나는 걸 싫어할까 봐요. 눈치가 보여서요."라고 말씀하시곤 합니다. 이렇게 질문조차 마음 편히 할 수 없는 분위기가 우리 사회에 깊이 자리 잡고 있는 것이죠.

침묵의 대가: 한 청년의 커리어와 삶에 미치는 영향

얼마 전 커리어 코칭 중 만난 한 취업 준비생의 이야기가 떠오릅니다. 시각디자인을 전공한 이 청년은 디자인에 대한 열정이 컸습니다. 하지만 부모님은 공무원이 되어야 안정적으로 오래 일할 수 있다고 강하게 말씀하셨다고 합니다. 결국 그는 2년간의 공무원 시험 준비 끝에 합격했습니다.

그는 새로운 직장에서 정책 홍보 관련 일을 맡게 되어 새로운 아이디어를 적극적으로 내놓았다고 합니다. 그러나 돌아온 것은 무시와 외면이었다며 상처받은 마음을 털어놓았습니다. "제가 제안한 아이디어는 전혀 받아들여지지 않았어요. 점점 일에 흥미가 떨어졌고 이런 조직문화 속에서는 절대 성장할 수 없다고 느껴서 결국 그만두게 되었습니다."라며 그는 아쉬움과 후회가 섞인 목소리로 말했습니다. 지금은 디자인 회사에 취업을 준비 중이지만 "새로운 회사에서 과연 제 의견을 존중받을 수 있을까요? 아니면 조용히 일하는 게 더 나을까요?"라는 질문을 던지며 고민에 빠져 있었습니다.

이처럼 우리 사회는 입시와 교육을 통해 실수는 곧 실패라는 생각을 주입합니다. 초등학교 입학과 동시에 받아쓰기 시험에서 많이 틀릴까 봐 학습지를 풀어야 하고, 뒤처지지 않도록 전 과목 학원에 다니는 아이들이 많아집니다. 매일 영어 단어 시험과 수학 문제를 풀이하며 좋은 성적이 인생의 성공을 보장한다고 믿게 만드는 것이죠. 그러다 보니 자연스레 실수에 대한 두려움이 커지고, 창의적이거나 독창적인 시도보다는 조용히 침묵하며 튀지 않는 선택을 하게 됩니다.

이러한 사고방식은 성인이 되어도 바뀌지 않습니다. 직장에서 침묵을 유지하는 이유는 대개 세 가지로 요약됩니다. 첫째, 무지해 보이기 싫어서 질문하지 않습니다. 둘째, 무능력해 보이기 싫어서 실수를 인정하지 않습니다. 셋째, 업무에 차질을 빚는 사람으로 낙인찍히기 싫어서 회의 중에는 입을 닫고 있습니다. 이처럼 눈에 띄지 않으면서도 맡은 업무를 무리 없이 해내는 것이 일을 잘하는 것이라는 고정관념이 여전히 강하게 자리 잡고 있습니다.

최근 많은 조직이 다양성과 포용을 강조하며 조직문화를 바꾸려고 노력하고 있지만 새로운 시도에 대해 여전히 "그게 되겠어?"라는 회의적인 반응이 우세합니다. 그래서 사람들은 자기 생각을 자유롭게 표현하기보다는 대세를 따르고 주어진 업무만 충실히 수행하는 것이 더 낫다고 여깁니다.

하버드대학교의 종신교수인 에이미 에드먼슨은 저서 『두려움 없는 조직』에서 "두려움 없는 조직을 만들기 위해서는 심리적 안정감을 조성해야 한다."라고 주장합니다. 그는 두려움이 분석적 사고 능력, 창의적 통찰력, 문제 해결 능력을 저하한다고 강조합니다. 즉, 구성원이 얼마나 두려움에서 벗어나 있느냐에 따라 학습 참여도가 결정되며 이는 직원 만족도와도 깊이 연결되어 있다는 것이 뇌과학적으로도 증명된 바 있습니다. 우리가 조직 내에서 침묵하는 이유는 결국 이러한 두려움에서 비롯된다고 말합니다.

실수를 환영하는 조직으로의 변화

우리는 다른 사람과 자신을 무의식적으로 비교하며 많은 구성원이 상사와 함께 있을 때 더욱 큰 압박감을 느낀다고 말합니다. 이러한 압박감과 두려움을 이겨내기 위해서는 조직 내 심리적 안정감이 필수입니다. 중요한 것은 팀원이 문제를 보고했을 때 이를 환영하는 분위기를 만드는 것입니다. 실제로 이는 매우 어려운 일입니다. 문제를 보고받았을 때 리더는 일단 기분이 좋지 않을 수 있습니다. 그러나 이러한 문제 제기를 외면한다면 장기적으로 조직의 성장은 불가능해집니다.

따라서 조직 내에서 실수와 문제가 발생했을 때 화를 내기보다 이를 환영하는 문화로 변화해야 합니다. 변화는 쉽지 않지만, 그 과정에서 우리는 함께 적응하며 조화롭게 성장할 수 있습니다. 결국, 침묵이 아닌 소통을 통해 더 나은 조직문화를 만들어가는 것이 우리 모두의 과제입니다.

2장

소통의 기본기, 이해의 힘

"진정한 소통은 자신을 이해하는 데서 시작하여
타인을 이해하는 것으로 이어진다."

- 칼 로저스(Carl Rogers)

1)
나는 나를 얼마나 이해하고 있을까?

회계 분야에서 20년간 근무하신 한 임원분과 나눈 코칭 대화가 기억납니다. 그분은 "코치님, 저는 여태껏 정말 사람 좋다는 말도 많이 듣고, 리더십 평가에서도 높은 점수를 받았습니다. 조직 구성원과 큰 갈등 없이 회사 생활을 잘 해왔다고 생각합니다. 그런데 요즘 가족뿐 아니라 회사 사람들도 제가 말할 때 가시 돋친 듯 날카롭고 예민하게 반응한다고 이야기합니다. 왜 이렇게 변했는지, 어떻게 사람들과 대화해야 할지 모르겠고, 인간관계가 피곤합니다."라고 말씀하셨습니다.

한 분야에서 오랜 기간 일했거나 조직의 리더로 일하시는 분들은 열정적으로 그리고 헌신하며 일해오신 분들이 많습니다. 그러다 보니 일을 시키지 않아도 열심히 일하고, 목표를 위해 몰입하며 성과도 높은 경우가 많습니다. 일도 잘하고 인간관계도 좋은 상사로서 조직에 기여하고자 마음을 다해 일에 매진합니다. 최대한 상대방의 이야기를 경청하고 꼰대가 되지 않기 위해 더 배려하고 노력합니다.

하지만 일을 처음 시작할 때의 열정과 에너지가 오래 갈 것으로 생각하지만 시간이 지날수록 자신도 모르게 예전 같지 않다는 생각이 들 때가 있습니다. 마음뿐 아니라 몸도 쉽게 지치고, 나를 위한 시간을 가져보려고 노력하지만 그런 시간이 어색하고 무엇을 해야 할지 어려워합니다.

특히 연차가 오래되고 직급이 높아질수록 어려움을 느낄 때 도움을 요청하는 일이 어색하기만 합니다. 그러다 보니 조직의 임원일수록 코칭을 처음 시작할 때 자신의 문제를 쉽게 이야기하지 못합니다. 처음에는 완벽하게 일할 수 있을 것 같지만, 누구에게나 위기가 찾아오는 순간들이 있습니다. 더구나 책임과 성과에 대한 스트레스 지수가 높아질수록 가까운 사람들에게도 짜증이나 화를 내기 쉽습니다.

그러면서 나는 모든 걸 완벽히 해내고 있는데 주변 사람들이 도와주지 않고 요즘 더 해결하기 어려운 문제들이 일어난다고 생각하게 됩니다. 그리고 나이가 들수록 요즘 내가 갱년기라는 이유로 건강을 탓하기도 합니다.

평소엔 그렇지 않던 사람이 짜증이나 화가 많아졌다면 그동안 내가 어떤 삶을 살아왔는지 자신을 돌아보게 하는 것이 중요합니다. 조직에서 일해온 과정들을 사계절로 비유해 보는 것이죠.

<직장인의 사계절>

봄: 신입사원 시절, 파릇한 새싹이 돋는 마음

여름: 일에 몰입하며 열정적으로 성장했던 시절, 뜨거운 태양

가을: 업무 성과도 좋고 조직에서 인정받았던 시기, 풍성한 열매를 맺고 수확
　　　하는 계절

겨울: 위기가 닥쳤을 때 조직 구성원들과 역경을 이겨냈던 시기, 춥고 메마른
　　　계절

　이렇게 지난 시간을 떠올리며 자연스럽게 자기 모습을 돌아보게 됩니다.
무엇보다 애써온 자신을 발견하고, 내가 어떤 사람이었는지 알아차리게 되
는 것이죠. 위기가 닥쳤을 때 어떻게 극복했는지, 자신만의 문제 해결 능력
을 파악하고, 그때 어떤 사람이 도움을 주었는지도 알게 됩니다.

강의나 코칭에서 만나는 많은 분이 소통이라는 단어를 생각하면, 안타깝게도 소통이 잘되는 사람보다 꽉 막혀 대화가 안 되는 불통하는 사람이 먼저 떠오른다고 합니다. 하지만 자기 이해를 잘하는 사람일수록 타인과의 소통도 잘하는 경우가 많습니다.

미국 스탠퍼드경영대학교 75명의 자문위원에게 '리더로서 가장 중요한 덕목은 무엇인가?'에 대해 설문한 결과, 응답자 90%가 '자기 이해(Self Awareness)'라고 답했습니다. 역량이 뛰어나고 성과를 잘 내는 사람일수록 자신을 돌아보기보다 지금 일하는 방법과 관계를 의심하지 않는 경향이 있습니다. 앞서 말씀드렸던 코칭에서 만났던 임원분도 회계 분야에서 많은 사람에게 인정받으며, 어느새 자신도 그에 걸맞은 사람이 되기 위해 앞만 보고 달려왔다고 말씀하셨던 기억이 납니다.

많은 사람이 일을 잘하기 위해 방법을 찾지만 자신을 돌아보고 관찰할 여유가 없습니다. 특히 중년 남성들은 과거부터 빠른 업무처리, 효율적이고 높은 성과에 집중하기 바빴던 조직문화에 익숙하다 보니 자기 이해를 위한 시간이 어색하고 어렵습니다.

나와의 소통이 타인과의 소통보다 먼저입니다

소통을 잘하기 위해 가장 우선으로 필요한 과정은 타인보다 나와의 소통입니다. 흔히 '속이 시끄럽다.'라는 표현을 많이 하죠. 내 속이 시끄러우면 타인의 말과 행동이 불편하게 느껴지는 것은 당연한 일입니다. 유독 화가 많아지고, 문제가 일어난 상황에서 타인을 탓하고 있다면 잠깐 멈추고 나를 돌아보세요.

그동안 열심히 살아온 과정들을 떠올리며 나를 토닥여주고 힘들었던 마음을 내가 먼저 공감해 주고 위로해 주세요. 가시처럼 날카롭고 뾰족했던 나의 말과 행동들이 어디서부터 출발했는지 천천히 돌아보면 감정이 누그러지고, 객관적인 나의 상태를 만나게 될 것입니다.

소통 연습

1. 지금의 나를 돌아보며, 어떤 계절에 머물고 있는지 생각해 보세요.
봄(신입사원 시절), 여름(열정적으로 성장한 시기), 가을(성과를 인정받는 시기), 겨울(위기와 역경의 시기) 중에서 현재 나의 상태를 비유할 수 있는 계절은 무엇인가요? 그 이유는 무엇인가요?

2. 최근 사람들과의 대화에서 내가 자주 느끼는 감정은 무엇인가요?
대화 중에 자주 느끼는 감정(예: 짜증, 피곤, 무관심 등)을 떠올려 보고, 그 감정이 왜 발생했는지 자신에게 솔직하게 물어보세요.

3. 최근에 나의 말이나 행동이 예민해졌다면, 그 원인이 무엇이라고 생각하나요?
내 속에서 '시끄럽다.'라고 느껴지는 부분은 무엇인지, 그것이 타인과의 대화에 어떻게 영향을 미치고 있는지 생각해 보고, 그 원인을 나 자신과 대화하며 찾아보세요.

관점에 따라 달라지는 조직의 미래

이제는 시대를 대표하는 키워드로 불릴 만큼 자주 사용되는 'MZ세대'라는 말을 정작 MZ세대는 지겨워하다 못해 싫어한다고 합니다. MZ세대는 밀레니얼 세대와 Z세대를 합쳐 부르는 용어로 흔히 젊은 세대를 지칭하지만, 이들은 자신들이 하나의 집단으로 묶이는 것을 좋아하지 않습니다. 반대로 '꼰대'라는 단어 역시 기성세대가 듣기 가장 싫어하는 말 중 하나입니다. 이 단어는 주로 보수적이고 융통성 없는 사고방식을 가진 사람을 뜻하며, 이로 인해 오히려 세대 간 갈등을 유발하기도 합니다.

우리는 흔히 대중적인 내용을 토대로 다른 사람을 동일시하는 경향이 있습니다. 그러나 이는 다양한 배경과 경험을 가진 동료들을 존중하지 않고 선입견만으로 판단하는 것은 위험합니다. 이런 이유로 요즘은 조직 구성원의 다양성을 이해하고 존중하는 것이 더욱 중요한 문제로 대두되고 있습니다.

대화 하나로 달라진 직장 생활

호텔에 입사하여 6개월 차 신입사원 때의 일입니다. 한 선배가 첫 만남에서 "너는 어느 나라 호텔학교 출신이냐?"라고 물었습니다. 저는 유학파가 아니라고 대답했더니, 선배는 "그럼 빽으로 입사했냐?"라며 여러 상황에서 해외 경험이 없음을 이유로 무시하기 시작했습니다. 이로 인해 초기 몇 개월은 매우 기분이 나빴습니다. 선배의 무심코 던진 질문에 자존감뿐 아니라 일에 대한 자신감도 떨어졌습니다.

시간이 지나며 그 선배에게 그 당시 느꼈던 기분을 솔직히 이야기했습니다. 대화를 통해 선배는 자기 말이 나에게 얼마나 큰 상처를 주었는지 깨닫게 되었고 다행히 선배와 점점 더 나은 관계로 지낼 수 있었습니다.

만약 그때 선배가 처음에 "유학을 다녀오지 않았는데 어떻게 입사하게 됐어?"라고 질문했다면 신입사원이었던 제가 첫 사회생활에서 일에 대한 자신감과 성장 속도는 분명 달라졌을 것입니다.

이 사례는 같은 상황에서 관점에 따라 생각과 행동이 달라질 수 있다는 것을 보여줍니다. 만약 선배가 던지는 질문의 관점이 달랐다면 그 결과는 큰 차이를 만들 수 있음을 보여줍니다. 스티븐 코비의 『성공하는 사람들의 7가지 습관』에서는 "상대방의 입장에서 생각하고 이해하려는 노력"이 얼마나 중요한지를 강조합니다. 이 원칙을 실제로 적용하면 대화와 관계에서 긍정적인 변화를 가져올 수 있다는 것을 깨닫게 됩니다.

관점 변화, 성과의 차이: 충주맨 김선태 주무관 사례

최근 공무원 사회에서 큰 주목을 받은 김선태 주무관의 사례는 관점의 변화가 조직 성과로 이어진 훌륭한 예입니다. 김 주무관은 보수적이고 경직된 조직문화 속에서도 유연하게 소통하며 다양한 아이디어를 떠올려 시도하는 자세로 업무를 진행했습니다.

김선태 주무관의 책 『홍보의 신』에는 그의 관점을 다르게 시도하여 이뤄낸 개인의 성장 스토리뿐 아니라 조직의 성과까지 어떻게 이뤄냈는지 상세히 담겨 있습니다. 특히 시장님이 처음으로 기존의 공무원 조직 리더의 관점에서 벗어나 김 주무관의 의견을 반영하여 기회를 주고 지지한 내용이 인상적입니다.

김 주무관은 공무원이지만 기존 사례를 분석하여 반대로 시도해 보는 아이디어를 적극적으로 제안하였습니다. 특히 유튜브 콘텐츠가 단순히 보여주기식 업무가 아닌 실제 젊은 시청자들이 좋아하는 콘텐츠 기획과 제작에 주력했습니다. 경직된 공무원 조직에서 의무적으로 하는 일로 끝내지 않고 젊은 시청자들의 니즈를 반영하여 유튜브 채널을 통해 도시의 매력을 홍보하고 시민들과 소통하는 방안을 추진했습니다. 처음에는 이러한 아이디어에 대해 조직 내부에 반발도 많았지만 김 주무관의 열정과 확신이 점점 조직을 변화하게 만들었습니다.

시장님은 김 주무관에게 신뢰를 보내며 그의 아이디어를 실현할 기회를 주었습니다. "기존의 방식만 고집해서는 발전이 없다."라는 시장님의 판단 아래 김 주무관은 자유롭게 자신의 계획을 펼칠 수 있었습니다. 이러한 시장님의 지지와 신뢰는 김 주무관에게 큰 힘이 되었고 결국 그는 유튜브 채널을 통해 충주라는 소도시의 다양한 매력을 알리고 이를 통해 관광객 수를 크게 증가시키는 성과를 거두었습니다. 이는 단순히 도시의 이미지 개선뿐만 아니라 지역 경제 활성화에도 큰 기여를 하게 되었습니다.

김 주무관의 사례는 공무원이라는 직업 특성상 규칙과 절차가 중요한 환경에서도 유연하고 열린 소통이 얼마나 큰 변화를 불러올 수 있는지를 잘 보여줍니다. 관점을 다르게 하는 소통 방식은 조직 내에서 혁신적인 성과를 이끌어냈으며 다른 공무원 조직에도 큰 영감을 주었습니다.

관점 변화의 힘

누구나 자신의 경험과 지식 안에서 생각하고 상대방을 이해하려고 합니다. 그러나 이는 절대적으로 나의 주관적인 생각일 뿐입니다. 나와 다른 관점을 가진 팀원들을 이해하고 변화하기까지 불편을 감수하기도 해야 합니다. 때론 갈등이 일어나기도 하죠.

충주맨 김선태 주무관의 사례에서 보듯이 관점을 다르게 보고 새롭게 시도하며 실패도 용인할 수 있어야 변화하고 성장할 수 있습니다. 서로 다른 세대의 다양한 관점을 존중하고 이해하는 태도는 조직 내에서 더 나은 소통과 협업을 이끌어내며 결국 조직의 성과 향상으로 이어질 수 있습니다. 김 주무관의 유연한 소통 방식은 단순한 업무 수행을 넘어 창의성과 혁신을 불러일으키는 원동력이 되었습니다.

관점의 변화는 단순한 문제 해결을 넘어 조직의 성과와 혁신을 이끄는 중요한 요소가 될 수 있습니다. 우리 모두가 서로의 차이를 이해하고 존중하는 태도를 보인다면 직장 내에서 더 나은 협력과 성과를 이끌어낼 수 있을 것입니다.

1. 팀원들이 가진 다양한 배경과 경험을 이해하고 존중하기 위해 우리는 어떻게 서로의 이야기를 더 잘 들을 수 있을까요?

(적용팁) 팀원들이 각자의 배경과 경험을 자유롭게 공유할 수 있는 시간을 마련해 보세요. 예를 들어, 매주 회의 시작 전에 '나의 이야기' 시간을 통해 개인의 경험과 생각을 나누도록 합니다. 이를 통해 서로의 관점을 이해하고 존중하는 문화를 형성할 수 있습니다.

2. 의견 차이가 있을 때, 어떻게 하면 상대방의 입장을 먼저 이해하고 존중하면서도 내 생각을 효과적으로 전달할 수 있을까요?

(적용팁) 의견 차이가 발생할 때는 먼저 상대방의 입장을 충분히 듣고 공감한 후, "당신의 의견을 이해하며, 제가 생각하는 방식은 이런 이유에서입니다."라는 식으로 대화를 이어가세요. 이는 상대방의 관점을 인정하면서도 자신의 의견을 명확히 전달하는 방법입니다.

세대 차이보다 시대 차이

강의를 시작하며 모 기관의 기관장님께 질문을 드렸습니다.

Q: "관장님, 요즘 직원분들과 소통할 때 어떤 점이 가장 어려우세요?"
A: (한참 고민하다가) "직원들의 말을 이해하기 어려울 때가 많습니다. 같은 한국어로 말하는데 외국어보다 어렵다고 해야 할까요? 어떤 의미인지 이해가 잘 안되다 보니 대화에 참여하기도 어렵고 자연스레 말을 줄이게 되더라고요. 답답하고, 소외된다고 느껴질 때도 많지만 그냥 조용히 지내고 있습니다."

이러한 고민은 특정 기관장님의 의견이지만 자주 들려오는 많은 리더분의 공통된 의견이기도 합니다. MZ세대와 소통하기 위한 여러 노력을 하고 있지만, 그 이전에 왜 이런 현상이 일어나는지 알게 되면 상호 이해에 큰 도움이 됩니다.

'세대 차이'라는 단어 속엔 '시대 차이'라는 의미가 포함되어 있습니다

조직 구성원의 연령대는 20대부터 60대까지 다양합니다. 연령대에 따라 시대적 배경과 문화가 다르고, 일에 대한 가치관이 다르기에 어쩌면 세대 차이는 당연한 현상일 수 있습니다.

<세대별 소통 방식의 차이>

　모든 사람은 자신이 경험해 오는 과정이 당연하다고 생각할 수 있지만, 과거부터 지금까지 어떤 모습으로 시대적 변화가 있었는지를 생각해 보면 서로 다른 상황과 환경을 이해할 수 있습니다.

세대별 시대적 배경

　50대 이상 임원이나 상위 직급에 계신 분들은 베이비붐 세대로, 어렵고 성공에 대한 욕구가 학업과 직업에서도 강하게 나타났던 세대입니다. 돈도 중요하지만 명예나 타인의 인정이 중요했고, 보수적이고 권위적인 지시나 명령이 당연했던 세대입니다. 따라서 2030세대를 이해하기 어려워하는 경우가 많습니다. 하지만 50대 이상의 기성세대의 자녀가 20대라는 점을 생각해 보면 자녀에 대한 마음으로 요즘 세대를 이해하고 포용할 수 있는 마인드를 가질 수 있을 것입니다. 과거 부모가 살아온 시대와 지금 자녀들이 살아가고 있는 시대는 분명히 달라졌고, 그에 맞는 생각과 판단을 해야 한다는 마음으로 바라본다면 훨씬 자연스럽게 이해될 것입니다.

X세대라고 불리는 40대는 어떨까요?

40대에게 회사 생활의 가장 중요한 가치는 '월급'입니다. 이들은 사회생활을 왕성하게 해야 하는 시기에 IMF를 경험했습니다. 많은 회사가 부도 위기를 겪으며 일자리를 잃게 되고, 안정적인 월급에 대한 불안감이 높아졌던 상황이 생생하게 떠오릅니다. 회사 생활을 잘하던 아버지가 어느 날 갑자기 명예퇴직, 구조조정을 겪고, 사업을 잘하던 아버지가 부도를 겪으며 경제 사정이 어려워지는 상황을 경험했기에 무엇보다 가족을 위해 '내가 돈을 벌어야 한다.'라는 생각이 강했던 세대입니다. 이런 시대적 상황을 겪은 세대이기에 경제적으로 빠르게 성공하고자 하는 의지도 강하고, 새로운 문화에 대한 경험으로 빠르게 적응하는 모습도 볼 수 있는 세대입니다. 어떻게든 위기를 극복하기 위해 충고나 조언을 듣고 문제 해결에 집중하는 소통법이 당연했던 시기입니다.

2030세대는 회사 생활에서 중요한 가치는 '나의 성장과 비전'이라고 생각합니다.

즉, 회사 생활이 나를 위해 투자가치가 있느냐 없느냐를 빠르게 결정합니다. 과거 기성세대가 회사 생활을 하며 힘든 일이 있어도 꾹 참고, 열심히 성실하게 일하면 언젠가 성공할 것이라는 생각에 대해 요즘 세대는 동의하지 않는 경우가 많습니다. 워낙 빠르게 성장하는 시대에서 저성장, 저물가, 저금리 시대이기 때문에 맹목적으로 언젠가를 기대하기보다 나에게 도움이 될지 안 될지에 관한 판단도 빠르고, 그에 맞는 선택을 하려는 경향이 뚜렷합니다.

세대별 다른 소통법

이렇게 세대별 시대적 상황을 떠올려 보면 지금 MZ세대의 소통하는 방법이 자연스레 이해됩니다. 이들은 어린 시절부터 스마트기기 사용은 물론 자기 주도학습법을 배우고, 학교에서 다양한 재능에 대한 상을 받으며 인정과 칭찬에 익숙한 세대입니다. 반면 소통할 수 있는 도구와 정보는 많아졌지만, 타인과 비교하며 자존감이 떨어지고 외로움이 커져 마음이 힘든 사람들에 관한 이야기도 자주 들립니다. 그러다 보니 경계심도 많아지고 빠르고 간결하게, 그러나 나의 가치를 인정받고 공정함을 중요하게 여기는 소통법이 당연하게 여겨집니다.

"요즘 애들 이해가 안 돼!"라고 느껴질 때 잠시라도 시대적 차이점을 떠올려 본다면 소통법이 다를 수밖에 없다는 점을 이해할 수 있게 됩니다.

소통 연습

1. 여러분이 생각하는 좋은 소통이란 어떤 모습인가요?

이 질문을 통해 상대방이 소통에서 무엇을 중요하게 여기는지 알아보세요. 각 세대가 소통에서 원하는 바가 다를 수 있기 때문에, 이를 이해하고 조율하는 것이 중요합니다.

2. 어떤 방식으로 피드백을 주고받는 것이 가장 편한가요?

피드백은 소통의 핵심입니다. 상대방이 선호하는 피드백 방식(예: 직접 대화, 이메일, 짧은 메모 등)을 파악하면, 소통의 효율성을 높일 수 있습니다.

3. 당신이 가장 성취감을 느낄 때는 언제인가요?

이 질문은 상대방의 동기부여 요인을 이해하는 데 도움을 줍니다. 각 세대가 일에서 중요하게 생각하는 가치가 다를 수 있기 때문에, 이를 이해하면 더욱 효과적으로 협력할 수 있습니다.

타인 이해를 위한 첫 번째 스텝, 호기심

얼마 전 TV 프로그램 〈유 퀴즈 온 더 블럭〉에 이금희 아나운서가 출연한 영상을 보게 되었습니다. 최근 이금희 아나운서가 '소통'에 대한 책을 출간한 후 많은 조직에서 소통이 어렵다며 강연 제안을 해주셔서 놀라웠다는 내용에 더욱 공감하며 시청했습니다. 저 역시 강의나 코칭을 진행하다 보면 개인이나 팀, 그리고 직급 간 소통이 얼마나 잘 되고 있는지 분위기에서 느껴질 때가 많아 더욱 영상의 내용이 인상 깊이 남았습니다.

불편한 사람과의 소통법 '호기심'

많은 분이 회사에서 함께 일하며 자신과 맞지 않거나 불편하게 느끼는 사람이 꼭 있다고 말합니다. 강의 현장에서 듣게 된 그런 사람의 공통점은 자기주장이 강하고 배려 없는 언행과 권위 의식이 높다는 것이었습니다.

저 역시 과거 직장 생활 중 상사가 제가 일하는 과정을 감시하며 사사건건 참견하고, 부정적인 피드백으로 불편했던 팀장에 대한 기억이 떠오릅니다. 그 당시 저는 괴롭힘을 당하며 미워하는 감정과 함께 다른 직원들과 함께 욕하고 매일 그 상사와 대화하는 것을 피하며 하루하루 괴로운 회사 생활을 해야 했습니다. 그런데 시간이 지나 소통에 관한 공부를 하며 돌아보니 그 당시 상사가 저에게 했던 말과 행동 뒤에 욕구가 숨어 있었다는 것을 이제야 알아차리게 되었습니다.

그 상사는 제가 입사했을 때 누구보다 저를 아끼고 빨리 회사 생활에 적응할 수 있도록 도와주셨습니다. 덕분에 막막했던 첫 사회생활을 편안하고 즐겁게 시작할 수 있었죠. 그 상사는 저와 잘 통한다고 생각했고 쉬는 날에도 개인적으로 만나며 친하게 지내고 싶다며 자주 연락했었습니다. 하지만 쉬는 날까지 상사와 함께 보내고 싶지 않았던 저는 매번 거절했고, 급기야는 없는 핑계까지 만들다 들통나며 불편한 관계가 시작되었습니다.

이 상황을 한 발짝 물러서서 객관적으로 살펴볼까요?
상사는 자신이 아끼는 신입사원과 더 친해지고 싶은 마음에 일뿐만 아니라 개인적인 시간까지 함께하고 싶은 욕구가 있었다는 것을 알 수 있습니다. 반면 저는 상사에게 감사한 마음이 있었지만, 굳이 쉬는 날까지 함께하고 싶지 않다는 말을 차마 전하지 못했습니다. 바로 이때 서로의 다른 감정과 생각을 공유하는 방법의 하나는 상대방을 '호기심 어린 관점'으로 바라보는 것입니다.

호기심의 힘: 관계 개선의 열쇠

'저 사람이 하는 말과 행동은 어떤 욕구로 출발한 것일까?', '무엇을 기대하는 것일까?'라는 관점으로 바라보는 것이죠.

그 당시 저와는 반대로 부정적인 상사와도 관계가 좋았던 입사 동기가 떠오릅니다. 그 사람은 어떻게 많은 사람과 금세 친해지고 관계가 좋았을까 생각해 보니 유독 자주 하는 말이 있었습니다. "팀장님, 무슨 일이세요?", "왜 그러세요?", "제가 무엇을 도와드릴까요?" 상대방에 대한 긍정적인 생각과 호기심이 담긴 질문을 자주 하며 상대방의 마음을 열게 하는 소통 노하우가 있었습니다.

저는 그런 동기를 보며 부러움과 질투만 했지, 어떻게 소통하면 좋을지 관찰하지 않았습니다. 이제야 객관적인 시선으로 20대의 저를 돌아보니 부족했던 저의 소통법을 하나하나 배우며 성장하고 있다는 것을 알게 됩니다.

이금희 아나운서가 대한민국 국민 아나운서이자 가장 따뜻한 말하기를 하는 전문가라고 불리는 이유는 무엇일까요? 아마도 '상대방의 이야기에 경청하기를 넘어서 어떤 사연이 있었을까?', '그때 그 사람의 마음은 어땠을까?' 하고 진심 어린 호기심과 공감이 전해졌기 때문이라고 생각합니다. 누구나 비슷하게 반응하는 표현이 아닌 상대방에게 온전히 집중하며 귀 기울이고 반응하고 있다는 눈빛과 마음이 전달된 것이겠죠.

만약 지금 이 순간 유독 소통하기 어려운 누군가가 떠오른다면, 반감이 아닌 호기심으로 상대방을 바라보는 건 어떨까요? 처음엔 낯설고 불편한 상황에서 그런 질문이 나오기 어려울 수 있습니다. 하지만 상대방을 호기심으로 바라보는 순간, 미워하는 마음이 가라앉고 조금은 안타까운 마음으로 바라볼 수 있습니다. 이는 화났던 마음도 조금씩 해소되는 경험으로 이어집니다.

결국, 소통은 나를 위한 것

회사 생활뿐만 아니라 가족, 친구 등 모든 인간관계에서 갈등은 계속 일어납니다. 그럴 때마다 내가 아닌 타인이 잘못됐다는 관점으로 바라보고, 관계를 끊어버린다면 결국 가장 불편하고 피해를 보는 사람은 내가 된다는 점을 기억해야 합니다.

소통의 어려움 속에서도 상대방을 호기심 어린 시선으로 바라보며 이해하고 공감하는 노력이 필요합니다. 이는 우리의 인간관계를 더 풍요롭고 건강하게 만들어 줄 것입니다.

소통 연습

1. "이 사람의 행동이나 말 뒤에는 어떤 욕구가 있을까?"
함께 일하는 동료나 상사의 행동이 불편하거나 이해하기 어려울 때, 그 행동이나 말 뒤에 숨겨진 욕구를 생각해 보세요.

2. "상대방이 원하는 것은 무엇일까?"

상대방이 특정한 행동이나 말을 할 때, 그 사람이 기대하는 결과나 목적이 무엇일지 생각해보세요. 예를 들어 동료가 갑자기 일정 변경을 요청했다면 그 뒤에 숨겨진 이유가 무엇일지 물어보는 겁니다. 상대방의 기대를 이해하려는 노력은 오해를 줄이고 협력적인 관계를 만들어줍니다.

3. "내가 할 수 있는 작은 행동은 무엇일까?"

소통이 어려운 상황에서, 내가 먼저 할 수 있는 작은 행동이 무엇인지 생각해 보세요. 예를 들어 "무슨 일이세요?" 또는 "제가 도와드릴 수 있는 것이 있을까요?"와 같은 간단한 질문을 던져보는 겁니다. 이 질문은 상대방의 마음을 열고, 긍정적인 소통의 시작점이 될 수 있습니다.

직급별 다른 언어의 온도

A 사원: "저 먼저 들어가 보겠습니다!"

B 팀장: "오늘 저녁 삼겹살에 소주 한잔, 어때?"

A 사원: "퇴근 후 바로 선약이 있어서 어려울 것 같습니다."

이러한 대화는 많은 조직에서 흔히 일어나는 풍경입니다. 실제로 강의 현장에서도 많은 리더가 오히려 후배의 눈치를 보며 맞추려 해도 대화할 기회조차 얻기 어렵다고 합니다.

얼마 전 강의에서 만난 팀장님께 요즘 직원들과 소통할 때 가장 어려운 점을 여쭤봤습니다. 역시나 직원들과 대화하기 어렵다고 말씀하셨습니다. 퇴근 후 저녁 식사라도 함께하며 요즘 어떻게 지내는지 편하게 이야기 나누려 했지만, 팀원 모두 약속이 있어 어렵다는 답변을 여러 번 들었다는 것이었습니다.

처음엔 그럴 수 있겠다고 생각했지만, 거절이 반복되다 보니 자신을 피한다고 느껴졌다고 합니다. 그 후로 팀원들과는 업무상 필요한 최소한의 대화만 하게 된다며 서운함을 표현했습니다. 비록 회사의 팀장이지만 가족처럼 편안히 지내고 싶었는데 상처받은 마음에 잘 지내려는 마음을 내려놓았다고 하셨습니다.

직장 내 세대 갈등의 표면적 원인은 책임감과 가족적 조직문화를 강조하는 기성세대의 의식과 효율성을 중시하는 젊은 세대의 인식 차이에 있습니다. 세대 간 인식 차로 생기는 갈등은 MZ세대의 사회 진출 후 나타난 세계적인 사회 문제이기도 합니다. 조직에서도 세대 간 소통을 위해 여러 가지 노력하고 있지만, 그 이전에 왜 이런 현상이 일어나는지 세대 간 중요시하는 가치관과 소통 방식을 이해한다면 다름을 인정할 수 있습니다.

■ X,Y,Z 세대별 가치관의 차이와 선호하는 소통법

	X세대	Y세대	Z세대
연령대	1965~1980년대 초반	1980년대 중반~1990년대 후반	2000년대 중반~현재
가치관	-안전, 가족 중심의 가치를 중시함 -직업 안정성을 추구하며 조직에 충성을 보임	-워라밸, 다양성, 창의성 중시 -개인적인 성장과 경험을 중시하며 팀 협업을 강조함	-다양성, 공평성, 지속가능성을 중요시함 -디지털 기술에 익숙하며 미래 지향적 사고를 갖고 있음
언어	-공식적이고 전통적인 언어체계 선호 -이메일, 전화 등 전통적인 소통수단 선호	-빠른 텍스트 메시지와 이모티콘 적극 활용 -소셜 미디어를 통한 실시간 소통 선호	-빠르고 간결한 텍스트 메시지 선호 -이미지와 비디오 콘텐츠 중시

<X,Y,Z 세대별 가치관의 차이와 선호하는 소통법>

위의 표에서 보면 알 수 있듯이 세대별 삶의 가치관과 소통방식이 확연히 다른 것을 알 수 있습니다. 단순히 차이점을 바라보기 전 세대별 삶을 바라보게 된 사회적 배경과 그에 따른 소통 방식의 연관성을 떠올려 보면 다른 모습에 대한 인정이 쉬워집니다.

X세대: 40~50대

X세대라고 불리는 40~50대는 IMF 세대라고 불릴 만큼 개인 및 사회적 위기가 컸고, 극복하기 위한 노력이 당연했던 세대입니다. 그 당시 많은 회사가 부도 위기를 겪으며 일자리를 잃게 되고, 안정적인 월급에 대한 불안감이 높아졌던 상황이 생생하게 떠오릅니다. 어떻게든 위기를 극복하기 위해 충고나 조언을 듣고 문제 해결에 집중하는 소통법이 당연했던 시기였습니다. 그러다 보니 가족을 지키기 위한 안정된 직업이 중요한 가치였으며 예의와 조직에 충성하는 소통이 익숙한 세대이기도 합니다. 상사의 지시에 따르는 것이 억울할 때도 있었지만 생존을 위해 버티는 것이 우선이라고 생각했습니다. 퇴근 후 새벽까지 이어지는 회식에서도 상사와 함께 끝까지 자리를 지키는 것이 당연했던 시대였습니다. 그러다 보니 요즘 세대의 반응이 서운하게 느껴지고, 어떻게 소통해야 할지 어려움을 느끼는 것도 당연할 수밖에 없습니다.

Y세대(M세대): 30대

Y세대는 흔히 말하는 MZ세대 중 밀레니엄 세대를 말합니다. 이들은 조직에서 중간 관리자 역할을 가장 많이 하고 있으며, X세대와 Z세대의 브릿지 역할을 하며 원활한 소통을 위해 가장 애쓰고 있는 세대입니다. X세대와 같이 IMF 금융위기를 겪지는 못했지만, 기존 상사와 선배들이 일해오던 관습과 잦은 야근 등에 대한 조직문화에 저항하며 적극적으로 변화에

앞장선 세대입니다. 하지만 X세대와 오랜 기간 일하며 M세대 역시 기존 조직문화에 따를 수밖에 없는 상황도 많습니다. 그야말로 낀 세대로 기성 세대와 Z세대를 다른 문화를 이해시키고 조율하는 데에 가장 어려움을 겪고 있는 세대이기도 합니다.

Z세대: 20대

Z세대는 코로나의 영향으로 디지털과 더욱 친숙한 세대가 되었습니다. 대학 시절부터 학점, 팀 프로젝트, 동아리, 대외 활동 등 모든 것이 취업을 위한 스펙이기에 어느 하나 소홀히 할 수 없는 바쁘고 경쟁이 치열한 대학 생활을 보냈습니다. 취업에서 생존하기 위해 고군분투해야 하는 세대이기도 합니다. 그러다 보니 공정성과 효율에 민감하게 반응하게 된 것입니다. '하면 된다.'라는 과거의 신조가 Z세대에게는 '되면 한다.'로 바뀌었습니다. 더구나 소통하는 방법도 디지털이 편해졌고, 개인적 취향과 의견을 자유롭게 표현하는 것이 익숙한 세대입니다. 업무 시간 외 개인의 시간을 방해받는 것 또한 사전에 약속하지 않았거나 본인이 원하지 않는다는 의견을 표현하는 것도 어렵지 않은 세대입니다.

이렇게 세대별 다른 모습에 대한 배경을 이해하고 나면 '충분히 그럴 수 있겠다.'라는 마음으로 인정하게 됩니다.

MZ세대들은 전 세계 소비를 이끄는 고객이자 조직 구성원 중 가장 큰 비중을 차지하고 있을 만큼 영향력도 커지고 있습니다. '너희 세대는 그게 문제야.', '당신 세대와 우리 세대는 달라.'라는 세대 간 규정짓는 생각과 언어를 삼가고 틀린 것이 아니라 다른 것이라는 인정과 이해하려는 노력이 필요합니다.

X, Y, Z세대가 공존하기 위해 기성세대는 삶의 오랜 과정에서 축적되어 온 가치관의 프레임에서 탈피하여 젊은 세대를 인정하는 시간을 가져야 합니다. 자기주장이 강한 젊은 세대들도 세대 간 다름을 적극적으로 존중하는 자세를 통해 가치관의 조화가 이뤄져야 할 것입니다.

소통 연습

1. 평소 대화 중 '다름'을 발견했을 때, 그 차이를 어떻게 표현하시나요?
대화 중 상대방과 다른 생각이나 방식을 마주했을 때, 그 차이를 어떻게 표현했는지 떠올려 보세요.

2. 오늘 나눈 타인과의 대화 속에서 '공감'을 어떻게 표현하셨나요?
오늘의 대화에서 상대방의 입장이나 감정에 대해 얼마나 공감하려고 노력했는지 생각해 보세요.

3장

소통의 윤활제,
인정의 힘

"누군가를 이해하려면 그의 입장에서 생각하고, 그의 마음으로 느껴라."

- 하퍼 리(Harper Lee), 『앵무새 죽이기』, 열린책들

1)

누구나 인정받고 싶은 세상

"지금까지 일하며 가장 기억에 남는 리더가 있으신가요?"

이 질문은 리더십 강의를 시작할 때 항상 던지는 질문입니다. 흥미롭게도 많은 사람은 좋은 상사보다는 최악의 상사를 더 쉽게 떠올리곤 합니다. 여러분은 어떠신가요?

저는 가끔 강의를 위해 일찍 도착하면 근처 카페에서 시간을 보내다 자연스레 직장인들의 대화를 듣게 됩니다. 이때 자주 들리는 이야기 중 하나는 상사에 대한 불만입니다. 특히 상사가 자신의 의견을 무시하거나, '답정너(답을 미리 정해두고 말하는 사람)' 방식으로 문제를 해결하는 상황에 대한 불만이 자주 들립니다. 이면에는 상사에게 인정받고 싶었던 마음이 깔려 있었다는 것이 느껴집니다.

상사의 비판 속 숨겨진 마음 '나를 존중해주세요'

비폭력 대화(NVC, Nonviolent Communication)의 창시자인 마셜 로젠버그 박사는 "다른 사람에 대한 비판은 충족되지 않은 자기 욕구의 비극적인 표현이다."라고 말합니다. 예를 들어 누군가가 '내 의견을 무시하고 자

기 생각대로만 문제를 해결한다.'라고 말할 때, 그 말속에는 자신의 의견이
존중받고 싶다는 욕구가 담겨 있는 것이죠.

저 역시 신입사원 시절 상사와의 갈등을 경험한 적이 있습니다. 당시 호
텔리어로 사회생활을 시작한 저는 호텔 예약 프로세스부터 고객 안내까지
모든 것을 새롭게 배워야 했습니다. 특히 길 안내에 어려움을 겪어 고객에
게 잘못된 정보를 제공한 적이 있었습니다. 상사는 이 실수에 대해 경위서
를 쓰게 하고, 팀 미팅 자리에서 저를 최악의 사례로 공유했습니다. 만약
그때 상사가 저에게 인정과 배려의 말로 피드백해 주었다면 어땠을지 아쉬
움과 서운함이 공존했습니다.

인정의 힘: 단순한 말 한마디가 만드는 변화

고용노동부 취업포털 워크넷이 직장인 2,242명을 대상으로 진행한 '후배
에게 듣고 싶은 말 vs 상사에게 듣고 싶은 말'에 대한 설문조사 결과를 보면
누구나 인정의 한마디를 듣고 싶어 한다는 것을 알 수 있었습니다.

후배에게 듣고 싶은 말	상사에게 듣고 싶은 말
"역시, 선배님!" (36%)	"괜찮아. 실수할 수도 있지." (53.3%)
"선배님은 배울 게 많은 분입니다."(35.4%)	"자네라면 잘 할 것 같아!" (34.4%)
"제가 하겠습니다!" (30.1%)	"많이 힘들지? 그 마음 이해해." (20.7%)

<후배에게 듣고 싶은 말 vs 상사에게 듣고 싶은 말>
(출처: 고용노동부 취업포털 워크넷의 직장인 2,242명 대상 설문조사 결과)

이 설문조사 결과를 보면 인정받는 말이 얼마나 중요한지 알 수 있습니다. 우리는 모두 자신의 가치를 인정받고 싶어 하며, 이런 인정이 주는 힘은 우리의 일상과 관계에 큰 영향을 미칩니다.

상처를 남기는 비판보다, 용기를 주는 인정으로

모든 관계에서 원활한 소통을 위해 가장 먼저 기억해야 할 것은 누구나 자신의 가치를 인정받고 싶어 한다는 점입니다. 우리는 모두 타인을 인정하기 전에 자신을 인정하는 것이 중요하다는 이야기를 자주 들었습니다. 그러나 우리는 더 나은 자신을 기대하며 잘못된 점을 개선하려는 생각에 빠지기 쉽습니다. 이런 과정에서 내면의 인정욕구는 충족되지 않고, 오히려 상처로 남게 됩니다.

마셜 로젠버그 박사의 말처럼 비판하기 전에 상대방의 말 속에 숨겨진 인정욕구를 떠올려 보는 것은 어떨까요? 모든 사람은 자신의 가치를 인정받을 때 힘을 얻고, 한 걸음 더 나아갈 용기를 얻습니다. 다음번에 누군가를 비판하고 싶을 때, 그 비판 속에 숨겨진 욕구를 먼저 생각해 보세요. 상대방에게 인정의 언어로 다가가면 관계 속에서 긍정적인 변화가 시작될 것입니다.

1. 내가 원하는 인정은 어떤 형태인가?

내가 직장에서나 개인적인 관계에서 인정받고자 하는 방식은 무엇인지 구체적으로 생각해 보세요. 상사의 칭찬, 동료의 지지, 가족의 격려 등 다양한 형태의 인정 중에서 어떤 것이 나에게 가장 큰 동기부여가 되는지 탐구해 보세요.

2. 내가 다른 사람을 인정하는 방식은 무엇인가?

내가 다른 사람을 어떻게 인정하고 있는지 되돌아보세요. 칭찬과 격려의 말을 자주 사용하는지, 아니면 행동이나 선물로 감사의 마음을 표현하는지 생각해 보세요. 그리고 내가 인정받고 싶은 방식과 다른 사람을 인정하는 방식이 일치하는지 비교해 보세요.

3. 인정받지 못했을 때 나는 어떻게 반응하는가?

내가 인정받지 못했을 때 느끼는 감정과 행동을 분석해 보세요. 실망이나 좌절감을 느끼는지, 아니면 더 열심히 노력하게 되는지 생각해 보세요. 이를 통해 내가 인정에 대해 얼마나 큰 영향을 받는지, 그리고 그것이 나의 행동과 성과에 어떻게 반영되는지 이해해 보세요.

칭찬과 인정의 차이

무한경쟁의 시대에 같은 상품을 판매해도 성과는 천차만별입니다. 심지어 같은 프랜차이즈 식당도 어떤 곳은 잘 되고, 어떤 곳은 손님이 없습니다. 이런 차이는 어디서 비롯될까요?

저 역시 영업 조직에서 일하며 동기로 입사하여 같은 교육을 받고 똑같은 상품을 영업해도 성과가 다르게 나타나는 것을 수없이 볼 수 있었습니다. 이런 과정을 관찰하고 연구하며 깨닫게 된 결정적인 차이는 '사람'에 달려있다는 것을 알 수 있었습니다.

진심 어린 관심이 성패를 좌우한다

식당의 경우 맛이 확 다르거나 서비스가 획기적으로 좋을 때도 있지만 성패를 결정짓는 가장 큰 요인은 고객에게 얼마나 진심 어린 관심을 두고 인정과 칭찬의 언어를 표현하느냐에 달려있습니다.

제가 자주 이용하는 동네 식당의 예를 들어볼게요. 이 식당은 작년까지 같은 프랜차이즈 식당이었습니다. 그런데 이 식당을 부부가 새롭게 인수하여 운영하시는데 두 분 모두 우리 가족이 좋아하는 메뉴와 음식의 입맛을 기억해 주고, 반찬이 비어있으면 알아서 챙겨주십니다. 무엇보다 식사를 끝내고 나올 때 '오늘 음식은 어떠셨나요?', '오늘은 주말이라 바빠서 평소보다 많이 챙겨드리지 못해 죄송했습니다.' 등의 마음이 담긴 인사를 전해주니 평소보다 서비스가 좋지 않더라도 이해하게 됩니다. 고객의 마음을 온전히 인정하고 표현해 주는 경험이 다시 이 식당을 찾게 만드는 중요한 이유가 되는 것이죠.

이와 같은 맥락에서 영업을 잘하는 사람도 마찬가지입니다. 고객의 이야기를 잘 듣고 인정과 칭찬의 언어를 남다르게 표현하는 사람이 영업도 잘합니다. 여기서 중요한 것은 인정과 칭찬의 진정성입니다. 누구나 흔하게 하는 표현이 아닌 고객에 대해 깊이 생각하며 구체적이고 섬세한 표현으로 고객 상담을 이끌어 갑니다.

예를 들어 고객이 좋은 소식을 전할 때 **"제가 이렇게 얘기만 들어도 너무 기분 좋은데, 얼마나 기분 좋으시겠어요!"**, 안 좋은 일이 생겼을 때는 **"제가 이렇게 얘기만 들어도 너무 속상하고 안타까운데, 고객님은 얼마나 힘드시겠어요!"**라고 인정하는 마음을 전합니다. 상대방의 마음을 온전히 인정하고 공감하는 것이 몇 마디 칭찬보다 훨씬 더 진심이 전해지는 것을 느낄 수 있습니다.

인정과 칭찬의 숨겨진 힘

많은 사람이 인정과 칭찬을 헷갈립니다. '인정'의 사전적 의미는 '사람의 감정이나 심정을 확실히 그렇다고 여기는 것'입니다. '칭찬'은 '좋은 점이나 훌륭한 일을 높이 평가하는 것'입니다. 칭찬은 상대의 기분을 좋게 하지만 잘못된 칭찬은 부담을 주고 역효과를 불러올 수 있다는 점도 명시되어 있습니다.

예를 들어 회사에서 A와 B, 두 명의 팀원이 같은 성수기 일정에 여름휴가를 신청했지만 한 명만 휴가를 갈 수 있는 상황을 생각해 볼게요.

A 팀원이 B 팀원에게 작년에 이어 올해까지 원하는 날 휴가 신청을 양보한 경우, 팀장은 어떻게 표현하면 좋을까요?

"안 그래도 두 사람 같은 날 신청해서 고민했는데, A 님이 양보했다니 다행이네요. 지는 게 이기는 거라고 잘했어요."

이 말을 들은 A 팀원은 어떤 기분일까요? 매년 성수기에 휴가를 못 가서 속상한 마음과 양보까지 했지만, 기분이 썩 좋지만은 않을 것입니다.

이번엔 같은 의미지만 다르게 표현하는 말이 얼마나 차이가 느껴지는지 살펴볼게요.

"A 님, 정말 배려심이 남다르네요. 누구나 성수기에 휴가 가고 싶을 텐데 작년에 이어 올해도 양보하다니…. 이래서 팀원들이 A 님을 믿고 따르는 것 같아요. 저도 A 님이 있어 든든하고 고마워요."

첫 번째 표현과 달리 두 번째 말을 들었을 때 팀원의 감정은 정반대로 느껴질 것입니다. 똑같은 상황이지만 상대방의 마음을 깊이 이해하고 인정해 주는 말은 전혀 다른 감정과 마음을 느낄 수 있다는 것을 기억해야 합니다.

조직에서 인정과 칭찬의 효과

인정과 칭찬은 단순한 말 이상의 힘을 가집니다. 최근 연구에 따르면 조직에서 진심 어린 인정과 칭찬이 이루어졌을 때 직원들의 동기부여와 업무 만족도가 크게 향상된다고 합니다. 특히 이러한 인정과 칭찬은 팀 내 협력과 신뢰를 증진하는 데 중요한 역할을 합니다. 한 논문에서는 직원들이 상사로부터 정기적으로 인정받았을 때 그들의 생산성이 평균 31% 증가했다고 보고했습니다. 이는 조직의 전반적인 성과에도 긍정적인 영향을 미칠 수 있다는 것을 보여줍니다.

(출처: Smith, J. (2022). "The Impact of Genuine Recognition and Praise on Employee Productivity." Journal of Organizational Behavior, 45(3), 245-260.)

인정과 칭찬은 다릅니다. '비록 내 생각과 마음이 다르더라도 상대방을 확실히 그렇다고 여기는 것'이 인정입니다. 반면 칭찬은 '상대방의 장점이나 잘한 점을 높이 평가하고 표현하는 것'입니다. 칭찬은 은연중에 나의 주관적인 생각을 전하게 되어 상대에게 오해를 불러일으킬 수 있습니다.

전반적으로 대한민국 조직문화는 칭찬보다 개선할 점에 집중하는 경우가 많습니다. 그러다 보니 인정과 칭찬의 표현이 어색하고, 인색합니다. 하지만 인정과 칭찬은 솔직함을 넘어 상대방에게 관심을 두고 역지사지의 마음을 가질 때 진정성을 담을 수 있습니다. 결과에 대한 평가가 담긴 칭찬보다 과정에 대해 인정해 주면 상대방의 자존감도 높아질 수 있다는 것을 기억하시길 바랍니다.

소통 연습

1. 나의 업무 환경에서 나는 얼마나 자주 동료나 팀원들의 감정과 상황을 진정성 있게 인정하고 있나요?
최근에 있었던 상황을 떠올리며, 상대의 감정을 이해하고 공감한 사례를 생각해 보고, 더 자주 실천할 방법을 고민해 보세요.

2. 칭찬할 때 나는 결과보다는 과정을 얼마나 인정해 주고 있나요?
단순히 결과를 칭찬하는 것이 아닌, 그 결과를 내기까지의 과정을 인정해 주는 방식으로 칭찬을 바꿔본 경험이 있는지, 그로 인해 어떤 변화가 있었는지 생각해 보세요.

3)
다름을 온전히 받아들인다는 것

조직에서 일어나는 갈등의 상당수는 '다름'에서 비롯됩니다. 하지만 이 다름이 정말로 문제일까요? 오히려 '다름'이야말로 조직의 가장 큰 자산입니다. 그러나 이를 자산으로 만드는 것은 쉬운 일이 아닙니다. 저마다 다른 성향을 지닌 사람들이 모여 있을 때, 이를 이해하고 조화롭게 이끌어가는 것이 바로 리더십의 핵심입니다.

"누가 나랑 제일 안 맞나요?"라는 질문의 함정

한번은 MBTI 워크숍에서 한 팀장님이 흥미로운 질문을 했습니다. 그는 팀원의 MBTI 성향을 일일이 분석하여 'MBTI 팀 궁합표'를 보여주셨습니다. "이 표에서 우리 팀에서 저랑 가장 잘 맞는 사람과 제일 안 맞는 사람은 누구인가요?" 이 팀장님은 자신과 맞는 유형과 맞지 않는 유형을 확인하려 했던 것이었습니다.

그는 성과 중심의 업무 스타일을 선호했기 때문에 팀원 모두가 자신처럼 빠르고 효율적으로 일하기를 기대했습니다. 하지만 팀원 중에는 깊이 있는 분석을 선호하는 사람도 있었고, 창의적인 아이디어를 내기 위해 더 많은 시간이 필요한 사람도 있었습니다. 처음에는 자신의 성향에 맞춰 팀을 이해하려 했지만 MBTI 워크숍을 통해 그는 각자의 다름을 인정하고 이해하는 것이 얼마나 중요한지를 깨닫게 되었습니다.

워크숍 이후 팀원의 성향에 맞게 업무를 분배하고 각자의 속도와 스타일을 존중하는 표현을 하기 위해 익명으로 의견을 듣고 수용하며 변화를 시도했습니다. 그 결과, 팀 내 소통이 훨씬 원활해졌고 오히려 성과도 눈에 띄게 향상되었습니다. 이 경험을 통해 팀장님은 다름을 인정하는 것이 얼마나 중요한지 깊이 깨닫게 되었다는 반가운 소식을 전했던 경험이 있습니다.

다름을 인정하는 리더십

리더는 자신의 성향을 바탕으로 구성원과 소통합니다. 하지만 팀원이 각기 다른 생각과 성향을 가지고 있을 때 원활한 소통을 위해 리더가 가장 먼저 해야 할 일은 '다름을 온전히 인정하는 것'입니다. 다름을 인정하는 것은 조직 내 신뢰와 협력을 강화하는 데 필수적입니다.

최근 새롭게 합류한 팀원의 성장을 돕고 싶어 하는 팀장의 코칭 사례를 말씀드려 보겠습니다. 고객이었던 팀장은 유독 말이 없고 조용하며, 자신의 성과를 드러내지 않는 팀원을 보며 안타깝고 답답한 마음을 털어놓았습니다. 하지만 코칭 대화를 통해 팀원과 일대일로 깊은 대화를 나눠본 경험이 단 한 번뿐이었다는 사실을 알게 되었습니다. 그동안 팀원의 성장을 돕고 싶다는 마음은 컸지만 한 번의 대화만으로 그를 판단했던 것이죠. 대화를 통해 이 팀장은 '다름을 인정하는 것'이 먼저라는 깨닫고, 팀원을 변화시키겠다고 생각한 것이 서로를 더 힘들게 했다는 것을 알게 되었습니다. 진정한 리더십의 시작은 팀원 각자의 다름을 존중하는 것임을 이해하게 된 것입니다.

'나도 몰랐던 나': 자기 이해와 다름의 인정

다름을 온전히 받아들이기 위해서는 먼저 자신의 다름을 인정하는 것이 중요합니다. 과거 저는 타인과 끊임없이 자신을 비교하며 경쟁에서 이겨야만 인정받는다고 생각했습니다. 하지만 이런 비교로 자존감은 바닥으로 떨어졌고, 타인과의 비교에서 벗어나기 어려웠습니다. 결국 일을 잘해도 불안함을 느꼈고, 이런 감정은 주변 사람들에게도 고스란히 전해졌습니다.

자신의 다름을 온전히 이해하고 존중할 수 있을 때 비로소 타인의 다름도 자연스럽게 받아들일 수 있습니다. 모든 사람은 자신만의 기준으로 세상을 바라보고 평가합니다. 이 사고방식을 완전히 바꾸는 것은 어렵지만, 최대한 객관적으로 바라보려는 노력이 중요합니다. 리더십 평가나 자기 이해를 위한 도구는 타인을 이해하는 데 유용합니다. 하지만 잘못 사용하면 이분법적인 사고로 인해 반대 성향을 지닌 사람과 맞지 않는다는 오해를 낳을 수 있습니다.

조직 내에서 다름을 온전히 받아들이는 것은 개인의 성장과 조직의 발전을 위한 핵심 요소입니다. MBTI 워크숍에서의 경험과 다양한 코칭 사례를 통해 더욱 깊이 깨닫는 점이 있습니다. 나를 기준으로 맞고 틀림을 판단하는 대신, 다양한 시각을 존중하고 이해하는 것입니다. 이러한 접근 방식을 통해 우리는 서로를 이해하고 존중하며 진정한 협력을 끌어낼 수 있습니다.

책 『유연함의 힘』에서 저자 애덤 그랜트는 "다른 관점을 받아들이는 유연함이 있을 때, 조직은 더 창의적이고 혁신적인 결정을 내릴 수 있다."라고 말합니다. 또한 다름을 인정하는 것이야말로 조직의 힘을 극대화할 수 있는 길임을 강조합니다. 이처럼 다름을 존중하는 것은 협력의 시작점이며, 다름을 온전히 받아들이는 조직문화가 조성될 때 더 나은 소통과 협력이 이루어질 수 있다는 점을 명심해야 합니다.

소통 연습

1. 나만의 다름을 이해하기 위해 자신의 성향과 업무 스타일을 객관적으로 분석하고 이를 존중하며 발전시키기 위해 어떤 노력을 하고 있나요?

2. 조직 내에서 나와 성향이 다른 사람을 인정하려면 어떤 방법을 시도해 보면 좋을까요?

팀원을 인정하는 법: 그라운드 룰

'아침 9시는 출근 시간인가, 업무 시작 시각인가?'

여러분의 의견은 어떠신가요? 최근 TV 예능이나 유튜브 콘텐츠 소재로 세대별 다른 생각에 대해 사회적 이슈로 다루는 내용을 쉽게 볼 수 있습니다. 이러한 콘텐츠들을 세대별로 다른 가치관과 생각의 차이는 갈등의 원인이 되기도 하지만, 이를 잘 이해하고 소통하면 새로운 시각과 해결책을 발견할 수 있습니다.

조직뿐 아니라 둘 이상의 사람이 살아가며 소통의 방식이나 기대치가 명확하지 않으면 오해가 생길 수 있습니다. 이때 '그라운드 룰(Ground Rules)'을 정하면 오해를 줄이고, 갈등이 발생하기 전 상호 이해와 존중을 통한 긍정적인 소통이 가능합니다. 그라운드 룰은 조직 내 구성원들이 업무와 소통에 있어 공유할 가치와 약속을 규정하는 것입니다. 더불어 팀의 일관성과 팀원 간 신뢰를 구축하는 데 중요한 역할을 할 수 있습니다.

많은 조직에서 꼭 해야 하지만 피하고 싶어 하는 회의에서 그라운드 룰에 대한 예를 들어 볼게요.

첫 번째는 '**회의 시간 엄수**'입니다.

이 룰은 회의 시작 시각뿐만 아니라 종료 시각을 지키는 것입니다. 이는 팀원의 시간을 존중하고, 시작 시각과 종료 시각을 사전에 약속함으로써 개인적인 업무 진행 시간을 계획할 수 있게 해줍니다. 이를 통해 회의에 대한 부정적인 생각과 스트레스를 줄일 수 있습니다.

두 번째는 '**한 사람이 발언하는 동안 다른 사람은 절대 끼어들지 않고 경청하기**'입니다.

이는 발언자의 의견을 존중하고 모두가 자신의 의견을 표현할 수 있도록 도울 수 있습니다. 많은 조직에서 회의 상황을 떠올리면 말하는 사람만 하거나 의견을 제시해도 수용해 주지 않는다고 말합니다. 얼마 전 한 신입사원은 회의 때마다 자신의 말에 사사건건 반대하는 상사 때문에 아예 말을 하지 않는다는 사례를 듣게 되었습니다. 이런 상황에서 경청하기와 같은 그라운드 룰이 정해지면 각 구성원이 자신의 아이디어를 충분히 설명하고 상대방의 의견에 집중하는 것만으로 존중받고 있다는 것을 느낄 수 있습니다.

세 번째는 '**회의 전 명확한 어젠다(Agenda) 설정하기**'입니다. 회의 전 반드시 어젠다를 공유하고 그 어젠다에 따라 회의를 진행하는 것입니다. 이미 많은 조직에서 이런 방법들을 시도해 보고 있지만 어젠다를 사전에 어떻게 정할지, 어디까지 이번 회의에서 의견을 나눌지를 구체적이고 명확하게 의견을 공유하는 것이 더 중요합니다. 이렇게 사전에 구체적인 소통을 하게 된다면 회의의 목표를 명확히 하고 집중력과 생산성을 높일 수 있습니다. 예를 들어 회의의 첫 5분 동안 오늘 논의할 주요 사항들을 진행자가 소개하고, 각 어젠다에 할당된 시간을 분배하여 핵심 내용을 공유하고 빠르게 회의를 진행할 수 있습니다.

위 3가지 사례에서 볼 수 있듯이 그라운드 룰을 정하게 되면 조직 내 놀라운 긍정적 효과가 나타나게 됩니다.

그라운드 룰의 실제 사례

무엇보다 그라운드 룰을 통해 팀 구성원들은 서로에게 무엇을 기대하는지 명확히 이해할 수 있습니다.

예를 들어 A 회사의 마케팅팀 팀장님은 회의 때 말이 없는 팀원이 적극적으로 참여시키기 위해 다양한 고민을 했습니다. 돌아가면서 의견 발표하기, 포스트잇에 써본 뒤 발표하기 등 다양한 방법을 시도해 봤지만, 여전히 힘들어했습니다. 자신과 다른 성향의 팀원들과 함께 그라운드 룰을 만들었습니다. 회의 전에 어젠다와 구체적인 회의 목표를 공유하고, 각자 2가지 의견을 준비해 오는 것이 룰이었습니다. 그 결과 팀원들이 사전에 준비해 온 의견을 공유하면서 회의가 더 적극적으로 진행되었고, 논의가 밀도 있고 생산적으로 이루어졌습니다. 팀원들은 무엇을 준비해야 하는지 명확히 알고 회의를 통해 팀워크까지 향상되었습니다.

또 다른 예로, C 회사의 인사팀은 회의 중 서로의 의견을 존중하고, 비판보다는 건설적인 피드백을 주고받는 **"아~ 그 의견 좋네요!"**라고 표현하는 그라운드 룰을 정했습니다. 이 룰은 반대 의견이 있더라도 먼저 긍정적인 표현을 건네는 것입니다. 이를 통해 팀 내 갈등을 줄이고 구성원들이 보다 열린 마음으로 의견을 나눌 수 있는 환경을 조성했습니다. 결과적으로 팀원들은 회의 스트레스가 줄어들고 상호 존중의 표현으로 긍정적인 팀 문화가 형성되었습니다. 또한, 비판 대신 건설적인 피드백을 주고받음으로써 더 나은 해결책을 찾을 수 있었습니다.

그라운드 룰의 효과

대니얼 코일의 『최고의 팀은 무엇이 다른가』라는 책에서는 조직 구성원의 안전감과 신뢰가 팀의 성과에 미치는 영향을 강조합니다. 이 책에 따르면 '심리적 안전감은 팀 구성원들이 실수를 두려워하지 않고 자유롭게 의견을 말할 수 있도록 하는 것은 팀원 간 상호 존중과 신뢰의 구축을 위해 가장 중요한 요소'라고 말합니다. 이 가운데 그라운드 룰은 이러한 심리적 안전감을 구축하는 데 중요한 역할을 할 수 있겠죠.

얼마 전 업무 소통을 주제로 한 강의 현장에서 D 회사 연구팀은 팀원들이 실수를 두려워하지 않고 자유롭게 아이디어를 제안할 수 있도록 **'실수 허용'**이라는 그라운드 룰을 정했습니다. 대한민국 조직문화는 실수에 대한 두려움과 업무 시 위축감을 느끼게 하는 경우가 많습니다. 하지만 '실수 허용'이라는 룰을 통해 팀원들은 편안하게 자신의 의견을 표현할 수 있었고, 창의적이고 혁신적인 아이디어를 내놓음으로써 회사의 신제품 개발에 크게 기여하게 되었습니다. 리더와 팀원 간의 심리적 안전감과 존중감이 높아지면서 팀원들은 더 자유롭게 의견을 나누게 된 것이죠.

이처럼 그라운드 룰은 조직 소통에서 다양한 관계에서 오해를 줄이고 팀의 생산성을 높이는 데 중요한 역할을 할 수 있습니다. 상호 의견 공유를 통해 상대방의 생각을 미리 경청하고 존중함으로써 팀은 더 효율적이고 조화롭게 일할 수 있습니다.

각 팀의 특성과 목표에 맞는 그라운드 룰을 설정하고 이를 준수하는 것은 성공적인 팀 소통의 첫걸음입니다. 어쩌면 그라운드 룰은 조직 구성원 개인의 서로 다른 생각에 대한 존중과 인정, 그리고 서로에 대한 신뢰를 구축할 수 있는 하나의 방법이자 과정입니다. 무엇보다 중요한 것은 그라운드 룰이 형식적인 규칙이 아닌 함께 일하고 싶은 팀 문화, 나아가 조직문화까지 형성할 수 있는 계기가 되도록 일관성 있게 실천하는 것입니다.

소통 연습

1. 회의에서 다른 의견에 긍정적으로 피드백하기 위해 나는 어떤 표현을 사용할 수 있을까요?
회의나 대화 중 동료의 다른 의견을 들었을 때, 먼저 긍정적인 피드백을 주는 연습을 해보세요. 예를 들어 "그 의견 좋네요!"와 같은 표현을 사용해 상대방을 존중하는 태도를 보이며, 열린 소통 환경을 조성해 보세요.

2. 최근의 실수나 도전이 나에게 어떤 배움을 주었나요?

자신이 최근 경험한 실수나 도전 과제를 떠올려 보세요. 그리고 그 경험이 어떤 배움으로 이어졌는지 생각해 보며 이를 팀과 공유하는 시간을 가져 보세요. 팀 내 심리적 안전감을 높이고, 창의적인 아이디어를 나누는 데 도움을 줄 수 있습니다.

4장

소통의 필살기, 경청의 힘

1)

경청이 어려운 이유

"팩트만 말해봐."

"그래서 결론이 뭔데?"

"내가 다 김 과장 생각해서 해주는 말이야….'"

잡코리아 설문조사에 따르면 직장인 10명 중 9명은 소통에 어려움을 겪고 있으며, 그중 '잘 듣기(41.6%)'가 가장 어렵다고 응답했습니다. 위에서 말한 문장들은 직장인이라면 하루에도 여러 번 듣거나 말하게 되는 내용일 것입니다. 빠른 의사결정과 문제 해결에 집중하는 조직문화에 익숙해지다 보면, 어느새 상대방의 이야기보다 나의 프레임에 갇혀 미리 평가하고 판단하는 대화를 하게 됩니다. 팩트나 결론에 집중하는 대화는 상대방의 감정보다 듣고 싶은 이야기를 빨리 답변하길 재촉하는 것과 같습니다. 또한, 친하다고 생각하는 후배나 동료에게 아끼는 마음에 해주는 이야기라며 상대방의 의견을 묻지 않고 대화하는 것은 오히려 관계를 더 악화시킬 수 있습니다.

많은 이들이 소통의 중요성을 알고 있지만, 실상 직장에서의 대화 방식은 우리가 왜 조직 내에서 소통이 어렵다고 느끼는지를 잘 보여줍니다. 이를 잘 보여주는 대표적인 예가 바로 '경청'입니다. 경청의 중요성을 누구나 알고 있지만, 그만큼 실천이 어려운 이유는 무엇일까요?

'듣는다'는 것의 진짜 의미, '적극적 경청'

저 역시 코칭 대화를 하며 가장 어렵게 느끼는 부분이 '적극적 경청'입니다. 국제 코치 연맹에서는 '적극적 경청'을 '고객이 말한 것과 말하지 않은 것에까지 집중하여 고객이 처한 맥락에서 드러나는 모든 걸 이해하고, 고객이 스스로 표현할 수 있도록 지원하는 것'이라고 정의합니다. 많은 사람들은 잘 듣고, 적절히 답변만 잘해도 경청을 잘하고 있다고 생각합니다. 그러나 사실 상대방이 말하지 않은 것에까지 집중하며 듣는 것이 얼마나 어려운 것인지 경험해 보지 않으면 실감하기 어렵습니다. 대화 속에서 말로 표현되는 내용뿐 아니라 목소리, 몸짓, 눈빛에도 의미가 담겨 있기 때문에 적극적 경청이 필요한 것입니다.

예를 들어 보겠습니다.

B 대리: (퇴근 30분 전) 과장님, 지난번 말씀하신 보고서 확인 부탁드립니다.

A 과장: 음…. 보고서 내용을 보니 수정할 것들이 많던데 몇 시까지 완료할 수 있나요?

B 대리: 아…네…. 저 오늘 중요한 약속이 있어 바로 올리긴 어려울 것 같습니다.

A 과장: 그럼 이걸 누가 해야 하는 건가요? 내일 오전까지 본부장님께 보고 올

려야 하는데 아직 마무리하지 않고 그냥 퇴근하겠다는 건가요?

B 대리: 저는 우선 오늘 해야 할 부분은 완료했으니 수정 사항은 내일 아침에 하겠습니다.

A 과장: 요즘 세대들은 정말 개인주의가 강해서 문제야. 정말 대화가 안 되는 군….

이 대화를 보면 상대방의 말에 귀를 기울이기보다 각자가 자신의 입장에서만 생각하고 있다는 것을 알 수 있습니다. 이 과정에서 상대방에 관한 판단과 자신의 의견을 설득하려는 마음이 충돌합니다. 그러면서 대화는 갈등으로 번지고, 싸늘한 분위기가 감돕니다.

『어쩌다 한국인』의 저자이자 사회심리학자인 허태균 교수는 우리나라 사람들은 '모든 사람이 똑같은 생각을 해야 한다.'라는 일종의 환상을 갖고 있다고 말합니다. 상대와 의견이 다를 때, 그 자체를 듣고 존중하기보다 설득하려고 하기 때문에 갈등이 생긴다는 것이죠.

A 과장과 B 대리의 대화에서도 각자 자신의 상황이 더 중요하다고 주장합니다. 이 때문에 상대를 자신의 의견에 설득하려는 마음이 갈등을 더 깊게 만드는 원인이 됩니다.

그렇다면 이런 상황에서 '누가 더 잘못한 것일까요?'

그리고 '누가 변해야 할까요?'

사실, 이런 문제를 논하기 전에 상대방의 상태를 먼저 살펴보는 것이 갈등 해결의 첫걸음이 될 수 있습니다. 우리는 이미 상대방의 이야기에 귀를 기울여야 한다는 것을 알고 있지만, 자연스럽게 적극적 경청을 실천하는 것이 참 어렵게 느껴집니다.

경청은 외국어와 같다

경청을 잘하려면 마치 외국어를 배우는 것과 같은 노력이 필요합니다. 외국어를 잘하려면 단어를 외우고 실제로 외국인과 대화를 많이 해봐야 하듯이 경청도 부단한 연습이 필요합니다. 모국어처럼 단순히 말이나 소리에 반응하는 '듣기'와는 다르게, '경청'은 의도적으로 주의를 기울이는 것이 중요합니다. 그러므로 상대방이 말하지 않는 점까지 듣고 이해하려면 많은 에너지와 집중력이 요구됩니다.

또한 경청은 단순히 듣는 것이 아니라 상대방의 말을 이해하고 공감하는 과정입니다. 이를 통해 우리는 더 나은 소통을 할 수 있으며 조직 내 갈등을 줄이고 신뢰를 구축할 수 있습니다. 적극적 경청은 자연스럽게 되는 것이 아니라 지속적인 연습과 노력이 필요한 스킬입니다.

조직 내에서 갈등을 줄이고 진정한 소통을 이루기 위해 오늘부터 상대의 마음에 귀 기울이는 '적극적 경청'을 연습해 보는 것은 어떨까요?

1. 상대방과 대화하며 말 이외에 비언어적 신호를 통해 무엇을 느꼈는지 한번 떠올려 보세요. 요즘 가장 많이 대화를 나눈 상대방은 어떤 마음을 가장 많이 느끼고 있을까요?

2. 대화 중 상대방의 의견을 바로 판단하거나 반박하기 전에, "어떤 계기로 이 생각을 하게 되셨나요?"라고 물어본 적이 있나요?
대화에서 상대방의 생각이나 감정을 먼저 묻고, 그 이유를 이해하려는 질문을 던져보세요.

3. 동료나 후배에게 조언하기 전에, "당신 생각은 어떤가요?" 또는 "당신이 원하는 건 무엇인가요?"라는 질문을 얼마나 자주 던지나요?

타인의 말을 경청할 수 있는 가장 큰 힘, 마음 근력

18년째 조직에서 강의하다 보니 강의 주제에도 트렌드가 반영된다는 것을 알 수 있습니다. 과거에는 커뮤니케이션 스킬, 비즈니스 매너, 직무와 관련된 역량 강화법 등의 주제에 대한 관심이 많았습니다. 하지만 최근에는 강의 주제가 크게 달라졌습니다. 현재는 심리 진단을 통한 자기와 타인 이해, 직무 스트레스 관리를 위한 명상, 마음 관리, 건강 관리를 위한 사무실 필라테스와 같은 주제의 강의 요청이 많아졌습니다.

이러한 강의 트렌드를 통해 요즘 직장인들의 관심사를 쉽게 알 수 있습니다. 과거에 비해 외부 환경 요소는 편리해졌지만, 내부적으로 서로에 관한 관심, 이해, 배려, 소통의 기회가 현저히 줄었고 해소에도 어려움을 겪고 있다는 것을 알 수 있습니다.

저 역시 20대 시절 호텔에서 오랜 기간 일한 경력을 바탕으로 CS(Customer Satisfaction) 강의를 먼저 시작했습니다. 이후 마케팅과 세일즈 직무 역량을 향상할 수 있는 주제의 강의를 진행하다가 최근에는 자기 이해와 타인 이해, 비즈니스 코칭에 주로 집중하고 있습니다.

강의와 코칭을 통해 직장 생활에서 소통에 어려움을 겪는 분들을 돕고 있지만 사실 저 자신이 가장 많이 변화하고 성장했습니다. 현재의 내가 어떻게 이런 성향을 갖게 되었고, 어떻게 힘든 상황에서 소통하는지, 스트레스나 불안감을 느끼는 이유가 무엇인지 하나하나 깨닫게 되었습니다.

과거에는 모든 갈등의 원인이 내가 아닌 타인이 문제라고 생각했습니다. 그리고 문제점에 대해 직설적으로 표현해야 빠르게 문제를 해결할 수 있고, 상대의 잘못된 점을 개선할 수 있다고 생각했습니다. 하지만 관계는 더 악화됐고 문제 상황도 쉽게 해결되지 않았습니다. 오히려 부정적으로 판단하고 반응하는 저의 반복적인 말과 행동이 문제의 원인임을 알게 된 것이죠. 스트레스 원인과 나에 대해 깊이 이해할수록 왜 그랬는지 이해할 수 있었고, 진짜 나의 마음을 알게 되니 관리할 수 있게 되었습니다. 과거엔 회사에서 힘들었던 이야기를 가족에게 짜증으로 풀었다면, 이제는 아이들이 저의 변화된 모습을 보며 '우리 엄마가 달라졌어요.'라고 말해줍니다.

자기 마음 이해의 중요성

돌아보니 제가 달라질 수 있었던 가장 큰 계기는 다양한 분들을 강의와 코칭으로 만나며 거울처럼 저를 바라보며 성찰하는 시간이 많아졌다는 것입니다. 과거에 저는 제 목소리에 귀 기울이지 않았습니다. 마음이 힘들어도 꾹 참고 무사히 강의를 끝내는 것에만 집중했고 현재 나의 마음이 어떤지 살펴보지 않았습니다. 그런 날은 당연히 강의 진행도 힘들고 청중에게 집중할 수 있는 에너지가 닿지 못했다는 걸 이제야 느낍니다.

조직에서 강의할 때도 자신의 상태와 마음을 구체적으로 표현하기 어려워하는 사람들을 자주 만납니다. 특히 남성이나 직급이 높을수록 이러한 경향이 강합니다. 이는 어린 시절부터 마음을 돌볼 여유가 없고, 조직에서도 업무에만 몰입했기 때문에 마음은 우선순위에서 밀려났던 것이죠. 스트레스 관리를 위한 자기 이해 과정을 진행해 보면 중년 남성분들은 어떻게 나를 이해해야 할지 방법조차 모르고 어색해하는 분들이 대부분이었습니다.

직장 생활에서 스트레스를 받는 분들을 보면 스트레스의 원인을 명확히 이해하고, 자신의 마음을 관리하는 능력이 부족한 경우가 많습니다. 이는 단순히 업무나 대인 관계에서 오는 것이 아니라 과거의 경험과 관련된 깊은 내면의 문제일 수 있습니다.

『내면 소통』의 저자 김주환 교수는 마음 근력도 체계적이고 반복적인 훈련을 통해 강해질 수 있다고 말합니다.

"소통 능력의 핵심은 자신과 타인에 대한 정보를 잘 처리하는 능력입니다. 이를 위해 자기 생각, 감정, 의도를 스스로 알아차려야 하며, 타인의 생각, 감정, 의도를 잘 파악해야 합니다. 자기 조절력이 강해져야 대인 관계 능력도 강해질 수 있습니다."라고 강조합니다.

나의 목소리를 경청하자

직무 스트레스 관리법을 주제로 진행하는 강의에서 만난 한 장애인 상담사의 고민이 인상 깊게 남아있습니다. 그녀는 타인의 고충을 듣고 해결하기 위해 노력하지만 정작 본인은 누군가에게 자신의 이야기를 할 수 있는 시간도, 마음의 여유도 없었다고 말합니다. 상담하다 보면 상대방의 힘든 상황에 몰입하게 되어 어떻게든 도와줘야겠다는 마음이 때로는 부담되고 힘들다는 이야기를 조심스레 털어놓았습니다. 또한 스트레스 관리에 대한 강의를 처음 경험하며 자기 생각과 감정을 더 잘 이해하게 되었고, 이를 통해 내담자의 말이 과거보다 긍정적으로 듣게 되었다고 전했습니다. 자신의 변화를 통해 다른 사람들에게도 긍정적인 영향을 미치고 있음을 느꼈던 것이죠.

번아웃, 공황장애, 트라우마 등 과거에는 자주 듣지 못했던 용어들이 요즘은 흔히 들립니다. 마음 근력이 약해진 요즘, 나의 목소리를 먼저 경청하는 것이 중요하다는 것을 방증하는 의미이기도 하겠죠. 그러기 위해 우리는 자신의 감정과 생각을 솔직하게 마주하고 이를 긍정적으로 받아들이는 연습이 필요합니다. 또한 명상이나 심리 치료와 같은 방법을 통해 스트레스를 관리하고, 자신의 마음을 돌보는 시간이 필요합니다. 이런 과정을 통해 마음 근력이 강해지면 타인의 마음도 더 잘 들을 수 있습니다.

지금 이 순간, 나의 목소리에 귀 기울이며 마음 근력을 키워보세요. 이는 곧 타인의 마음을 경청할 수 있는 가장 큰 힘이 될 것입니다.

소통 연습

1. 오늘 느낀 감정을 세 가지 단어로 표현해 보세요.
오늘 하루 동안 느낀 감정을 떠올려보고, 이를 세 가지 단어로 표현해 보세요. 이렇게 함으로써 자신의 감정을 더 명확하게 인식할 수 있습니다.

2. 최근에 스트레스를 받았던 상황에서 내가 어떻게 반응했는지 적어보세요.
최근에 스트레스를 받았던 상황을 떠올리고, 그 상황에서 자신의 반응을 구체적으로 적어보세요. 그런 다음, 그 반응이 왜 나왔는지 생각해 보고, 더 나은 대처 방법이 무엇이었을지 고민해 보세요.

3. 내가 타인의 말을 들을 때 방해가 되는 생각이나 감정이 무엇인지 점검해 보세요.
타인의 말을 경청할 때 방해가 되는 생각이나 감정이 무엇인지 점검해 보세요. 이러한 방해 요소들을 인식하고, 이를 줄이기 위한 방법을 찾아보세요. 이를 통해 더 효과적으로 경청할 수 있습니다.

경청의 디테일, 제대로 리액션하는 법

짧은 숏폼과 콘텐츠, 독서량이 현저히 적은 요즘 문해력에 관한 관심이 뜨겁습니다. 콘텐츠는 다양해졌지만 '헐~', '대박!', '진짜?' 등과 같은 몇 가지 자극적인 표현으로 대화를 이어 나갈 때가 많죠. 빠르고 간단한 콘텐츠에 익숙하다 보니 집중시간도 짧을뿐더러 상대방과 대화하며 스마트폰을 보는 건 어느새 당연해졌습니다. 스마트폰뿐 아니라 모니터 화면을 바라보며 타인과 대화하는 모습도 자주 목격하게 됩니다.

가족 소통을 주제로 한 학부모 연수에서 만난 어머님께서 강의가 끝나고 심각한 표정으로 고민을 털어놓으셨습니다. 아들이 사춘기가 되며 게임에 빠져 전혀 소통이 안 된다는 고민이었습니다. 불러도 대답하지 않고 잔소리하지 않으면 숙제도 하지 않아 선생님께 여러 차례 연락까지 받았다고 합니다. 아들은 프로게이머가 꿈이라며 엄마가 내 꿈을 이룰 수 있도록 도와주지는 못할망정 맨날 잔소리만 한다는 것이었습니다. 어머님은 아들과 대화할 때마다 오히려 싸우고 갈등이 심해져 이제는 대화를 아예 하지 않는다고 했습니다.

어머니 입장에서는 아들이 게임에 빠져 자신의 이야기를 전혀 듣지 않는 것에 가장 많이 화가 난다고 했습니다. 무엇보다 자기 말을 무시하는 행동이 엄마 존재 자체를 무시한다고 느껴져 더 화를 참을 수 없다고 말했습니다.

대화의 끈: 직장에서의 리액션 문제

이런 상황은 부모 자녀 사이뿐 아니라 조직에서도 자주 볼 수 있습니다. 코칭에서 만난 A 고객은 정말 일하고 싶은 기업에 입사하기 위해 3년 동안 준비하여 취업에 성공했다고 합니다. 힘들게 입사한 만큼 동기들과도 좋은 관계를 유지하기 위해 노력했다고 말했습니다. 그러나 자신과 같은 부서로 배치받아 더 가까이 대화하며 지내게 된 동기와 점점 소통이 어려워져 어떻게 관계를 유지해야 할지 어렵다는 이슈로 코칭 대화를 나눴습니다.

구체적으로 어렵게 느끼는 점을 들어보니, 동기는 대화할 때마다 처음엔 리액션도 격하게 반응하며 잘 들어주다가 금세 스마트폰을 보거나 통화하고 자리를 뜬다는 것이었습니다. 처음엔 바빠서 그럴 수 있다고 넘겼지만, 그게 1년 넘게 반복되었습니다. 다른 동기들도 그 동기에게 똑같은 경험을 하며 더 이상 대화하지 않는다는 것이었습니다.

코칭 고객은 같은 부서라 매일 얼굴 보며 일하고 대화할 일이 많은데, 동기가 이야기를 듣다 무시하고 가버리는 경험을 할 때마다 더 이상 말하고 싶지 않고 관계도 끊어버리고 싶다고 했습니다. 이처럼 가족이나 매일 얼굴 보며 함께 일하는 사람이 내 말을 잘 듣지 않고 영혼 없는 리액션과 무시하는 경험을 반복하게 되면 매일 화가 나고 갈등이 심해져 마음까지 힘들어집니다.

진짜 경청의 힘: 제대로 리액션하기

대화할 때 리액션도 습관입니다. 나는 상대방 이야기를 잘 듣고 있다는 표현을 하고 있지만, 진짜 제대로 듣고 있는지를 반응하려면 단순하고 식상한 표현이 아닌 나만의 리액션을 해야 합니다. 너무 과하지 않으며 상대방의 말을 잘 듣고 있다는 표현인 디테일이 다른 리액션을 위해 두 가지만 기억하고 실천해 보세요.

1) 미러링 맞장구치기

영혼 없는 리액션보다 상대방이 말하는 내용을 그대로 반복해서 말해보세요. 키워드를 기억해서 반복하면 상대방은 내 이야기를 잘 듣고 공감한다고 느끼게 됩니다. 예를 들어보겠습니다.

A: "과장님, 죄송하지만 오늘 제가 몸이 너무 안 좋아 거래처 회의 참석이 어려울 것 같습니다. 괜찮으시다면 오늘은 과장님께서 저 대신 회의에 참석해주실 수 있을지 부탁드립니다."

B: "저런…. 몸이 많이 안 좋군요. 얼굴이 너무 안 좋아 보입니다. 오후 일정이 있었는데 스케줄 확인하는 대로 회의 참석 가능할지 바로 연락드릴게요."

이때 나름 상대방에게 공감한다며 "나도 지난주에 감기로 엄청나게 고생했잖아. 그래도 난 쉬지도 못하고 일했는데…."라고 답하거나, "병원은 다녀왔어? 회사 앞에 가서 얼른 링거라도 맞고 와."라고 표현한다면 리액션이지만 상대방에게 더 불편한 리액션이 될 수 있습니다.

2) 구체적인 질문으로 리액션하기

"예를 들면요?", "진짜요?", "와~ 정말 대단하세요!"와 같은 구체적인 질문으로 리액션을 해보세요. 예를 들어보겠습니다.

> A: "이번 프로젝트를 준비하는 데 정말 많은 시간이 들었어요. 특히 시장 조사를 하느라 밤을 새운 날도 많았고요."
> B: "와, 시장 조사를 밤새며 하셨군요. 어떤 부분이 가장 힘들었나요?"
> A: "경쟁사의 데이터를 분석하는 게 가장 어려웠어요. 정보가 너무 많아서 정리하는 데 힘들었습니다."
> B: "그렇군요. 그 데이터를 어떻게 정리하셨는지 궁금해요. 정말 대단하세요."

사람마다 자주 쓰는 말이 있습니다. 그것이 그 사람의 어휘력이고 표현할 수 있는 언어 세계입니다. 한순간에 어휘력을 늘리고 다양한 표현을 하기는 어렵지만, 상대방의 이야기를 들을 때 나의 습관적인 언어로 표현하기보다 오히려 상대방이 다양한 생각을 말할 수 있도록 질문으로 던지는 리액션이 더 경청을 잘 할 수 있는 방법입니다. 그러면 상대방은 나에게 더 집중해서 이야기를 잘 들어주고 있다는 생각에 신뢰감이 높아지고 깊은 이야기도 나눌 수 있게 됩니다.

마음을 전하는 언어: 진정한 경청의 표현

『내 언어의 한계는 내 세계의 한계이다』의 저자인 김종원 작가는 '마음은 말로 표현할 만큼 전할 수 있다.'라고 말하며 다음과 같은 내용을 강조합니다. '돈으로 뭐든 해결할 수 있지만, 단 하나, 마음은 그게 어렵다. 상대가 내 마음을 몰라주는 이유는, 마음을 생생하게 전할 수 있는 가장 분명한 언어를 아직 찾지 못했기 때문이다. 마음은 저절로 전해지지 않는다. 상대에게 전할 마음이 뜨거울 만큼 말과 글로 전할 방법도 치열하게 찾자.'

유행어와 자극적인 말이 점점 더 관심받고 자주 표현해야 뒤처지지 않는다고 생각합니다. 하지만 경청을 잘하는 사람은 오히려 다양한 표현과 언어로 상대방의 이야기에 마음을 알아주는 사람일 것입니다. 그러기 위해 조금 더 섬세하고 진정성 있는 마음을 전하기 위한 나만의 리액션 문장을 만들어보세요.

소통 연습

1. 미러링 맞장구치기
최근 대화에서 상대방의 말을 그대로 반복하거나 요약해서 공감한 적이 있나요?
그 대화에서 상대방이 어떤 반응을 보였는지 생각해 보세요.

2. 구체적인 질문으로 리액션하기

마지막 대화에서 상대방의 이야기를 더 깊이 이해하기 위해 어떤 구체적인 질문을 던졌나요? 그 질문이 대화를 어떻게 더 풍부하게 만들었는지 떠올려 보세요.

4)

경청의 첫걸음, 끝까지 듣기

대한민국 방송계를 이끄는 4대 천왕 PD로 불리는 나영석, 신원호, 김태호, 이명한 PD는 모두 놀라운 공통점을 가지고 있습니다. 이들과 함께 일해본 란주 작가는 이들이 회의나 의견 충돌이 있을 때 끝까지 집중력을 잃지 않으며 모든 구성원의 이야기를 진심으로 듣는 모습을 발견했다고 합니다. 방송 프로그램 제작 과정에서는 다양한 아이디어를 수렴하고 빠른 의사결정이 필요한 상황이 많습니다. 예기치 못한 일도 빈번하지만, 이런 상황에서도 모든 사람의 의견을 경청하는 모습은 놀라움을 자아냅니다.

코칭을 통해 만나는 고객들도 대화를 마무리하며 이번 코칭에서 느꼈던 점에 관해 이야기합니다. 그 내용 역시 '집중과 경청'에 대한 것입니다. 고객들은 코칭 세션이 끝난 후 다음과 같은 소감을 전합니다.

"누군가와 온전히 집중해서 이야기를 나눠본 경험이 얼마 만인지 모르겠어요."

"제 이야기를 끝까지 잘 들어주셔서 저도 모르게 이야기를 많이 한 것 같습니다."

"회사나 가족 간에도 5분 이상 상대방의 눈을 바라보며 이야기해 본 적이 없었던 것 같아요. 처음에는 어색했지만, 새롭고 대화에 빠져들어 이야기할 수 있었습니다."

이처럼 코칭에서 중요한 핵심 역량 중 하나는 '프레젠스(Presence)유지'입니다.

프레젠스란 사전적 의미로 '특정한 곳에 있음, 존재, 참석'을 말합니다. 코칭 역량의 정의로는 '고객에게 집중하고 관찰하며 공감하고 반응하는 상태를 유지하는 것'을 의미합니다. 즉, '고객에게 집중한다.'는 뜻입니다. 이처럼 프레젠스의 의미를 떠올리면 당연하고 쉽게 생각할 수 있지만, '과연 상대방의 말에 끝까지 집중했을까?'를 묻는다면 쉽게 답하기 어렵습니다.

경청이 부족한 대화의 문제점

많은 사람은 상대방이 이야기할 때 듣고 있지만 어느새 충고, 조언, 평가, 판단하게 됩니다. 물론 상대방을 위해 빠르게 해결책을 제시해 주거나 나의 의사 표현을 전달해야 하는 상황도 있습니다. 그러나 상대방의 이야기가 끝나기도 전에 결론부터 말하는 경우가 많습니다. 심지어 중간 과정 모두 생략하고 결론만 말해야 하는 상황이 조직에서는 빈번하게 발생합니다.

한 팀의 팀장과 대리의 대화를 살펴보겠습니다.

A 대리: "팀장님, 잠깐 드릴 말씀이 있습니다."

B 팀장: "네, 여기에서 말해보세요."

A 대리: "여기서 이야기하기 좀 곤란한데…. 실은 거래처와 문제가 좀 있습니다."

B 팀장: "아~그 건? A 대리가 뭘 말하려는지 알고 있어요. 이 건은 내가 해결할
　　　　테니 걱정하지 마세요."

A 대리: "아, 그런가요? 알겠습니다."

　B 팀장은 A 대리가 자세한 이야기를 나누려 했습니다. 그런데 B 팀장은
미리 판단하고 더 이상 이야기를 듣지 않았던 것이죠. 처음엔 B 팀장이 말
하지 않아도 다 해결해 주니 좋다고 생각했지만 불안했습니다. 결국 팀장
이 해결해 주겠다고 했던 일은 문제가 커져서 본부장에게 보고가 되었고,
팀장은 불같이 화내며 결국 A 대리에게 책임을 묻는 상황으로 이어지게 되
었습니다.

　이런 상황이 다른 팀원들과도 반복되며 B 팀장에게 조언을 구하지 않는
것이 낫다는 소문이 돌았습니다. 오히려 얘기했다가 감정만 상하고 알아서
해결하는 게 편하다는 팀 분위기가 형성된 것입니다. 그러다 보니 이 팀에
는 자주 구체적인 소통의 부재로 예상치 못한 문제가 자주 발생하게 되었
습니다. 결국 팀원들은 다른 팀으로 보직 변경을 요청하거나 다른 팀으로
이동 신청하는 상황까지 일어났습니다.

끝까지 듣는 경청의 힘: 신뢰와 소통의 기본

끝까지 듣는 경청의 힘은 곧 상호 간의 신뢰를 말합니다. 조직에서 신뢰는 상대방의 말에 얼마나 집중하느냐에 달려 있습니다. 대한민국 PD 4대 천왕이라고 불리는 4명의 PD의 모습에서 알 수 있듯이 상대에게 온전히 집중하며 듣는 힘은 뛰어난 업무 능력보다 더 중요합니다. 업무는 결국 사람과의 관계로 이어져 소통하며 해야 하는 일이기 때문입니다.

이처럼 경청은 단순한 대화 기술이 아니라, 사람 간의 관계를 강화하고 조직의 성과를 높이는 중요한 요소입니다. 상대방의 이야기를 끝까지 듣는 경청의 힘을 통해 우리는 더 나은 소통과 협력을 이룰 수 있습니다. 경청의 첫걸음은 바로 끝까지 듣기입니다. 이는 우리가 더욱 효과적으로 소통하고 신뢰를 쌓는 데 중요한 역할을 할 것입니다.

소통 연습

1. 최근에 팀원이나 동료와의 대화에서 상대방의 이야기를 끝까지 듣지 못한 경험이 있었나요?
만약 있었다면, 그 대화에서 어떤 부분을 놓쳤는지, 그리고 어떻게 하면 더 잘 들을 수 있었을지 생각해 보세요.

2. 회의나 의견 교환 중에 스스로가 판단이나 결론을 너무 빨리 내리지는 않았나요?

다음번 대화에서는 판단을 유보하고, 상대방의 이야기를 끝까지 들어보는 연습을 해보세요.

3. 동료가 문제를 이야기할 때, 조언이나 해결책을 제시하기 전에 그들의 감정과 생각을 충분히 공감해 보았나요?

해결책을 제시하기 전에 상대방의 처지에서 그들의 이야기를 충분히 이해하려고 노력해 보세요.

5)
일잘러가 실천하는 듣기 기술 3가지

여러분 주변에 '말 잘하는 사람'을 떠올려 보면 어떤 특징을 갖춘 분들이 떠오르시나요? 각자의 기준은 다르겠지만 주로 유창하고 능숙하게 자기 생각을 자신 있게 표현하거나 논리 정연하게 말하는 사람을 떠올릴 것입니다.

이번엔 질문을 다르게 드려보겠습니다. 여러분 주변에 또는 '만나서 대화하고 싶은 사람'은 누가 떠오르시나요?

먼저 질문했던 '말 잘하는 사람'과 '만나서 대화하고 싶은 사람'이 일치하지 않는 경우가 많을 것입니다. 그만큼 우리는 말을 잘하는 사람과 대화하고 싶은 사람의 기준을 다르게 생각하는 경우가 많습니다. 그렇다면 여러분은 '말 잘하는 사람'과 '만나서 이야기하고 싶은 사람' 중 어떤 사람이 되고 싶으신가요? 많은 분은 '만나서 이야기하고 싶은 사람'이 되고 싶어 할 것입니다.

그렇다면 '만나서 이야기하고 싶은 사람'은 어떤 사람일까요?
아마도 '내 이야기를 잘 들어주는 사람'이 가장 먼저 떠오를 것입니다. 즉, 유창하게 말 잘하는 능력보다 타인의 말을 잘 들어주는 능력이 오히려 타인과 소통을 잘하는 사람의 핵심 스킬이라는 것이죠.

'일 잘하는 사람'이라고 인정받는 기준 역시 일만 잘하는 것이 아닌 타인과의 관계와 평판도 좋은 사람이 진정한 일잘러라고 생각할 것입니다. 이렇게 진정한 일잘러로 인정받을 수 있는 경청을 잘하기 위해서는 단순한 듣기보다 중요한 3가지를 실천해 보시길 추천해 드립니다.

1. 몸으로 듣기: 자세부터 다르다

먼저 경청의 한자 의미를 살펴보겠습니다.

경(傾): 기울이다.
청(聽): 듣는다.

몸을 상대방에게 '기울인다.'라는 뜻과 '듣는다.'라는 의미를 나눠서 해석해 보면 '귀(耳)로 듣고 눈(目)으로 보며, 마음(心)으로 공감한다.'라는 의미를 담고 있습니다.

'만나서 이야기하고 싶은 사람'의 특징 중 하나는 말하는 사람을 향해 있다는 점입니다.

눈빛, 몸의 방향과 자세, 그리고 표정까지 상대방이 온몸으로 내 이야기를 잘 들어주고 있다는 것을 몸으로 보여주는 것이죠. 특별한 말하기 스킬보다 상대방을 향한 자세만으로도 신뢰감을 느낄 수 있고 깊은 이야기까지 할 수 있는 분위기를 형성할 수 있습니다.

초등학생도 알고 있는 정말 기본적인 내용이지만 그대로 실천하며 온전히 상대방에게 집중하는 경청하는 사람을 찾아보기 어렵습니다.

다양한 조직에서 소통을 주제로 강의하며 팀의 막내에게 팀 분위기가 좋은 팀의 특징에 대해 질문을 해보면 대부분 '자유로운 소통이 가능한 팀'이라고 말합니다. 그만큼 서로의 의견을 존중하고 경청한다는 의미를 담고 있고 요즘 세대가 가장 중요하게 생각하는 조직문화라는 것을 알 수 있습니다.

2. 마음으로 듣기: 단순한 대화 이상의 소통

두괄식으로 핵심만 말하고 결론과 해결책이 중요한 조직에서 마음까지 헤아려야 해? 라고 생각할 수 있습니다. 하지만 진정한 소통은 단순한 말하기가 아닌 서로의 마음이 통할 수 있는 대화여야 합니다. 그러기 위해 현재 일어나고 있는 상황에 대한 사실을 말하고 듣되 상대방이 어떤 마음으로 말하고 있는지에 귀를 기울일 필요가 있습니다.

예를 들어보겠습니다.

김 대리: "팀장님, 이번 프로젝트 기획안을 3가지로 구성해 봤습니다. 3가지로 기획하다 보니 요즘 트렌드도 반영해야 하고, 회사에서 추구하는 마케팅 요소도 있는데 모든 걸 반영하려니 어려웠습니다. 팀장님은 어

떻게 생각하실지 궁금합니다."

A 팀장: "나는 2안이 제일 나은 것 같아. 고생했어. 그럼 본부장님께 2안으로 보고할게."

B 팀장: "이번 프로젝트 기획한다고 매일 야근하며 많이 힘들었지? 프로젝트 3 가지 안이 모두 정성을 들인 흔적이 고스란히 느껴지는군. 그중에 나 는 2안이 가장 좋은 것 같은데 김 대리 생각은 어떤가?

여러분이 김 대리라면 어떤 팀장과 함께 일하고 싶을까요?

조직 소통 강의 중 만나는 많은 분이 공감이 어렵다고 말씀하십니다. 공 감을 잘하기 위한 첫 번째 방법은 상대방의 마음이 어떤지에 귀를 기울이는 것입니다. 상대방의 말을 들을 때 어디에 귀를 기울이냐에 따라 개인별 업 무 자존감은 물론 팀워크까지 극명하게 달라지는 계기가 될 수 있습니다.

3. 구체적으로 듣기: 매직 워드의 힘

많은 사람이 대화하며 타인의 이야기를 잘 듣고 있다고 생각하지만 말하 는 사람의 의도와 자신이 생각하는 의도가 다른 경우가 많습니다. 이야기 를 들으며 나의 관점으로 해석하고 판단하는 경우가 대표적인 예입니다.

대표적으로 상사가 부하직원에게 업무 지시하는 상황과 회의에서 여러 가지 의견을 제시하고 최종 결정이 일어나는 상황일 것입니다. 그때 구체적으로 듣지 않으면 오해가 생기고 갈등으로 이어지게 됩니다. 따라서 업무뿐 아니라 일상에서도 **'조금 더 구체적으로 이야기해 주시겠어요?'**라는 문장을 자주 사용하게 되면 상대방의 생각을 정확하게 이해하고 소통이 잘되는 사람으로 인식될 수 있습니다.

실제 코칭 대화에서도 고객의 이야기를 들을 때 코치의 판단을 최소화하고 고객의 말에 적극적 경청을 하는 방법으로 '구체적으로 말씀해 주시겠어요?'라는 질문을 자주 던집니다. 마치 '매직 워드'와 같은 역할을 하는 것이죠. 이때 고객은 구체적으로 말하면서 자기 생각을 정리하게 되고, 스스로 해결책을 찾기도 합니다.

데일 카네기는 '경청이야말로 인간 사회에서 가장 드문 재능 중 하나다.'라고 말합니다. 조직에서 다양한 역량 개발에 힘쓰고 있지만 경청을 잘하기 위한 구체적인 방법을 찾고 노력하는 조직은 흔치 않습니다.

가장 기본이지만 원활한 조직 소통의 핵심 역량인 경청을 잘하기 위해서는 무엇보다 실제로 적용하고 연습하는 노력이 필요합니다. 꼭 한번 같이 일해보고 싶은 사람, 분위기 좋은 팀, 조직문화가 좋은 회사를 만들기 위해 오늘부터 경청을 적극적으로 실천해 보시길 추천해 드립니다.

1. 몸으로 듣기

최근 대화에서 내가 온몸으로 상대방의 이야기를 듣고 있다는 것을 어떻게 표현했나요? 상대방의 눈을 바라보거나 몸을 향해 기울이는 등 구체적인 예를 떠올려보세요.

2. 마음으로 듣기

마지막으로 누군가의 이야기를 들을 때, 그 사람의 감정을 얼마나 잘 이해하고 공감했나요? 그때 상대방의 마음을 이해하기 위해 어떤 노력을 했는지 생각해 보세요.

3. 구체적으로 듣기

최근 대화에서 상대방의 이야기를 구체적으로 이해하기 위해 어떤 질문을 던졌나요? 상대방의 말을 명확히 이해하기 위해 어떤 질문을 더 해볼 수 있을까요?

5장

소통의 고수,
질문의 힘

"우리가 무엇을 알고자 하는지 아는 것이 중요한 첫걸음이다."

- 피터 드러커(Peter Drucker)

1)

질문이 어렵고 눈치 보이는 이유

저는 강의와 코칭을 하고 있지만 두 가지 일의 성격은 상반되는 특징이 있습니다. 강의는 제가 알고 있는 지식이나 경험을 청중에게 전달하는 형태라면, 코칭은 고객의 말을 경청하며 코칭 질문을 던지는 상황의 대화를 합니다. 물론 강의 중 당황스러운 질문에 답변하는 것도 힘들 때가 있지만 더 어려운 것은 좋은 질문을 해야 하는 코치의 역할입니다.

어린 시절부터 주입식 교육과 입시 제도 속에 치열한 경쟁을 하며 지낸 우리는 질문보다 정답을 외우는 것에 익숙합니다. 개성을 존중하는 시대라고 하지만 정해놓은 답에서 다른 생각을 하고 표현하는 사람을 오히려 이상하게 바라보는 시선도 여전히 강하게 느껴질 때가 많죠. 이런 사회적인 분위기 속에서 지낸 사람이 질문을 자유롭게 하는 것이 어려운 것은 당연한 현상이라고 볼 수 있습니다.

대한민국 조직에서 질문하는 것이 어려운 이유는 이런 문화적 배경에 있습니다. 상하 관계가 뚜렷하고 연장자의 지시를 따르는 것이 미덕으로 여겨지는 경우가 많습니다. 이런 문화 속에서 질문은 자칫 상사의 권위에 도전하는 것으로 비칠 수 있겠지요.

저 역시 신입사원 시절 이해하기 어려운 업무와 규정에 대해 질문했다가 오히려 사사건건 부정적으로 받아들인다는 선배의 따끔한 충고를 들었던 경험이 생각납니다. 그 후로 '왜 이 일을 이렇게 해야 하는지'에 대한 생각조차 하지 않게 되고, 일에 관한 관심과 열정도 떨어졌던 경험이 떠오릅니다.

또한 팀원의 질문 하나가 팀 전체의 업무에 영향을 미칠 수 있다는 인식도 질문을 어렵게 만듭니다.

과거 영업 조직에서 세일즈 매니저로 활동할 때의 일입니다. 영업 사원은 항상 새로운 고객을 발굴하는 데 가장 고민하게 됩니다. 팀원의 고민을 함께 해결해 보고자 고객을 유치할 수 있는 새로운 방법에 대해 질문했다가 오히려 팀 전체 일이 많아졌다며 불만을 듣게 되었죠. 그 후로 저는 회의에서 더 이상 질문을 하지 않는 계기가 되었습니다. 그 당시 선배에게 '쓸데없는 질문으로 팀 전체가 힘들어질 수 있다.'라는 말을 듣고, 한동안 회의에서 침묵으로 일관했던 시절도 있었습니다.

이러한 모습은 개인의 성장이 아닌 팀의 안정성을 우선시하는 문화가 강한 대한민국 조직의 특징이기도 합니다. 이런 분위기 속에서는 질문보다 차라리 안전한 침묵을 선택하는 편이 낫다고 생각하는 것이죠.

신입사원 강의 현장에서 많은 분이 질문하기 어려운 이유 중 하나는 부정적인 반응 때문이라고 합니다. 질문했을 때 "당연한 걸 여태 몰랐냐?", "내가 몇 번을 알려줬는데 아직도 기억을 못 하냐?"와 같은 반응을 듣는다면 다시는 질문하고 싶지 않게 됩니다. 이런 경험이 반복되면 자연스럽게 질문하는 것을 포기하게 되고, 이는 개인의 성장뿐만 아니라 조직의 발전에도 부정적인 영향을 미칩니다.

4차 산업혁명 시대에 질문의 중요성에 대해 강조하고 있는 빅데이터 전문가 송길영 박사는 한 신문 기사에서 이러한 문제를 심도 있게 다루고 있습니다. 그는 질문이 단순한 호기심의 표현이 아니라 조직 내 소통과 이해를 증진하는 중요한 도구라고 강조합니다. 그는 '질문을 통해 우리는 서로를 이해하고 문제를 해결할 수 있는 새로운 방법을 찾을 수 있다.'고 말합니다. 그러나 이러한 질문이 억압되는 문화에서는 문제 해결의 가능성이 줄어들게 된다고 강조합니다.

대한민국 조직에서 질문하는 것이 어려운 이유는 어린 시절 자라온 분위기와 환경의 영향을 받았습니다. 성인이 되어서도 여전히 뿌리 깊게 남아 있는 사회적 배경, 질문에 대한 부정적인 인식, 그리고 질문이 업무 증가로 이어지는 분위기 등 여러 가지가 있습니다. 송길영 박사가 강조하는 것처럼 미래에는 질문의 역량이 개인과 조직의 문화까지 영향을 미칠 수 있다고 말합니다. 따라서 조직 내에서 적극적이고 자유로운 질문 문화를 개선하기 위한 노력이 필요합니다. 질문을 통해 다양하고 깊은 대화를 나눌 때, 서로를 신뢰하고 존중하는 조직문화로 자리 잡을 수 있을 것입니다.

1. 업무를 수행하면서 기존의 방법이 당연하게 여겨질 때

(질문 예시) "이 방법을 선택한 이유는 무엇인가요?"

2. 프로젝트나 문제 해결 과정에서 새로운 아이디어가 필요할 때

(질문 예시) "이 부분에 대해 다른 시각으로 보면 어떨까요?"

3. 복잡한 문제를 다루면서 해결책이 명확하지 않을 때

(질문 예시) "이 문제를 해결하기 위해 우리가 놓치고 있는 점은 무엇일까요?"

2)

질문이 달라지면 관점이 바뀐다

모든 부모와 조직의 리더는 공통으로 자녀나 팀원이 자기 주도적으로 학습하며 스스로 알아서 일을 잘 해내기를 바랍니다. 이를 위해 부모는 아이가 해야 할 일을 미리 정하고, 자기 주도적인 습관 형성을 위해 다양한 방법을 시도합니다. 예를 들어 아침에 일어나는 시간, 방 정리, 숙제하기, 식사와 간식 메뉴 및 시간, 하교 후 숙제 시간 등을 정합니다. 부모는 아이와 소통하여 규칙을 정한다고 하지만, 많은 부모가 자신의 기준에 맞춘 습관 만들기를 강요하게 됩니다.

사실 조직도 크게 다르지 않습니다. 모든 조직의 리더는 자신이 이끄는 팀의 바라는 모습이 있습니다. 자연스레 리더는 자신이 원하는 방향에 따라 팀 분위기나 업무 스타일에 큰 영향을 미칩니다. 팀원의 다양한 업무 성향과 자신만의 방식이 있지만, 리더의 운영 방향에 따라 맞춰갈 때가 많습니다.

모든 사람은 자유롭게 선택하며 즐겁게 일하고 싶어 합니다. 일을 왜 해야 하는지, 어떻게 해야 하는지도 이미 알고 있지만 스스로 하지 않게 되는 이유는 주로 타인에 의한 강제적인 선택과 의무감 때문입니다. 의무적으로 일할 때 우리는 의욕을 잃게 됩니다. 또한 반복적인 업무를 하다 보면 매너리즘에 빠지거나 일에 대한 보람과 가치를 잃게 되면서, 자신에게 맞는 일인지 고민하게 됩니다.

콜센터 상담원 이 주임의 사례

콜센터 고객 상담 업무를 맡은 이 주임의 사례를 들어보겠습니다. 이 주임은 매일 같은 패턴의 응대와 회사에서 평가하는 생산성에 따라 기계적으로 빨리 많은 전화를 받아야 하는 업무를 합니다. 처음에는 고객에게 친절한 목소리와 응대로 친절 우수 사원으로 뽑힐 만큼 열정적으로 일했습니다. 하지만 6개월이 지나자 더 이상 배울 것이 없다고 느끼기 시작했고 일에 대한 흥미도 떨어졌습니다. 업무에 대한 가치와 보람도 느끼지 못하고 있었습니다.

게다가 철저히 생산성을 측정하는 회사의 시스템에 따라 의무 응대 콜 수를 맞춰야 했고, 매일 자신의 통화 처리 속도와 친절도를 평가받았습니다. 시스템에 맞춰 일하지 않으면 상사의 피드백과 의무 교육을 받아야 했습니다. 마이크로 매니징을 통해 지시받은 대로 일해야 했고, 우수 사원의 명예를 뒤로 하고 응대 멘트까지 검토받아야 했습니다. 콜센터의 팀장은 이런 관리 방식이 회사의 방침이고 직무에 따른 생산성을 높이기 위한 제일 나은 방법이라고 주장했습니다.

관점이 달라지는 질문

많은 리더는 개선점에 대해 빠르게 인지시키고 문제 해결에 집중합니다. 하지만 여기서 중요한 사항은 이 주임의 개선점을 피드백하기 전, 최근 어려움을 느끼고 있는 이 주임의 요즘 마음을 알아차릴 수 있는 질문을 한다면 문제 상황을 바라보는 관점이 달라질 것입니다.

- A 님에게 일이란 어떤 의미인가요?
- 일하며 언제 가장 큰 보람을 느끼나요?
- 이 일을 통해 어떤 모습으로 성장하고 싶은가요?

- 반복적인 업무지만 나만의 즐겁게 일하는 방법이 있다면 어떤 것인가요?
- 최근에 일이 지루하고 재미없게 느껴진 계기가 있나요?
- 이 주임은 언제 어떤 상황에서 성과를 잘 낼 수 있나요?
- 반대로 어떤 상황에서 성과를 내기 어려운가요?
- 어떤 도움이나 지원을 원하시나요?

테니스 코치로 활동하며 이너게임을 연구한 티머시 골웨이는 그의 저서 『이너게임』에서 이렇게 말합니다. 학생을 지도하기 위해 코치는 다양한 지시를 하는데 이 지시들은 공통으로 해야 할 것과 해선 안 될 것을 가르칩니다. "한 발을 더 내딛고 앞발에 무게를 실으며 공을 쳐라.", "백스윙에서는 라켓을 높이 치켜들지 마라.", "팔로 스루는 이런 식으로 해야 한다." 등의 지시가 있습니다. 그는 코치의 지시가 학생의 움직임을 통제함으로써, 학생 내부의 불필요한 대화를 만들어내고, 이는 타고난 능력을 발휘하는 데 장애가 된다고 인식하게 되었습니다.

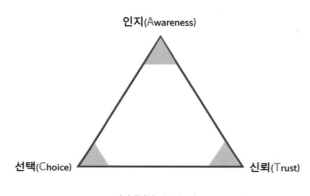

<이너게임의 3요소(ACT)>
(출처:『이너게임』, 티모시 갤웨이, 가을여행)

이러한 연구를 통해 그는 이너게임의 세 가지 요소를 발견했습니다. 인지, 신뢰, 그리고 선택입니다. 인지는 현재 상태를 확실히 아는 것이고, 선택은 장차 자신이 원하는 곳으로 이동하는 것에 관한 것입니다. 신뢰는 타고난 자신의 역량을 믿는 것으로, 선택한 목표를 달성하기 위해 절대적으로 필요합니다. 이 세 가지 요소의 의미를 깊이 이해할수록 타인에 의해 통제되거나 평가받지 않으면서, 자신을 변화시키는 힘이 생깁니다.

질문은 답변하는 사람이 자신의 현재 상태와 마음을 인지하게 합니다.

또한 질문에 답변하며 복잡했던 생각들을 정리하게 됩니다. 말하며 자신의 관점을 스스로 알아차리게 되는 것이죠. 특히 위기나 갈등 상황에서 우리는 현재 자신의 상태를 살피기보다 문제 해결에 집중하게 됩니다. 그럴 때일수록 자신에게, 그리고 함께 일하는 팀원에게 관점을 달리할 수 있는 질문을 던져보는 것이 중요합니다.

이 내용을 통해 조직의 리더는 팀원들에게 더욱 의미 있는 질문을 던지고, 그들의 생각과 감정을 이해하는 데 집중해야 합니다. 이를 통해 팀원들은 자신이 존중받고 있다는 느낌을 받고, 더욱더 자발적이고 능동적으로 일할 수 있게 됩니다.

소통 연습

[조직에서 시도해 볼 관점 전환 질문]

1. "내가 이 일을 더 즐겁게 만드는 방법은 무엇일까?"
일상적인 업무를 조금 더 재미있고 의미 있게 만드는 방안을 생각해 보세요.

2. "팀의 목표 달성을 위해 내가 추가로 할 수 있는 기여는 무엇인가?"
팀 전체의 목표를 고려하여 자신이 더 기여할 수 있는 부분을 찾아보세요.

3. "현재의 어려움을 해결하기 위해 어떤 새로운 접근 방식을 시도할 수 있을까?"
기존의 방식에서 벗어나 새로운 방법으로 문제를 해결할 수 있는 아이디어를 고민해 보세요.

조직의 성패를 좌우하는 '좋은 질문 VS 나쁜 질문'

여러분은 지금껏 살아오며 받아본 질문 중 가장 기억에 남는 질문이 있으신가요?

많은 분이 질문을 통해 그동안 생각해 보지 않았던 다른 관점의 아이디어를 떠올리거나 고민에 빠져있던 상황을 다르게 보며 쉽게 해결한 경험이 있으실 겁니다.

반면, 누군가의 질문으로 잊지 못할 상처를 받거나 다시는 떠올리고 싶지 않을 만큼 질문으로 인해 난처한 상황을 겪은 분도 있을 거로 생각합니다.

얼마 전 진행했던 코칭 고객의 사례입니다. 고객은 고객 상담을 통한 영업을 주로 하는 분입니다. 평소 타인의 이야기는 잘 듣지만 자기 생각을 타인에게 구체적으로 표현하지 않는 편입니다. 낯가림이 심하고 관계를 맺는데 시간이 오래 걸리지만 상대방의 이야기를 잘 듣고 행동하기 전 타인의 기분과 관점을 파악할 수 있는 탁월한 강점을 발휘하는 분이었습니다.

최근 그와는 실적이 좋지 않아 상사에게 받은 질문으로 퇴사까지 고민하고 있다는 주제로 코칭 대화를 나누었습니다.

상사에게 받은 질문은 "너는 공감 능력이 떨어지는 것 같다. 그런데 왜 영업을 하게 됐냐?"라는 것이었습니다. 이 고객은 강점 진단 결과에서 '공감' 테마가 가장 높았지만 상사에게 그런 질문을 받았다는 이유로 자신의 강점에 동의하기 어렵다고 말했습니다. 객관적인 진단 결과보다 상사의 질문으로 인해 일에 대한 자존감이 떨어진 데다 다른 일을 시도하기 어려울 만큼 마음의 상처를 입었다는 솔직한 생각을 전했습니다.

잘못된 질문 vs 좋은 질문

조직에서 상사와 구성원이 대화할 때 많은 주제 중 하나는 '목표와 성과'에 대한 내용입니다. 주로 과정과 결과에 관한 질문과 답변으로 이루어집니다. 대한민국 조직 특성상 잘한 점보다 부족한 점, 개선할 점에 집중하다 보니 질문도 부정적이거나 한계를 짓는 내용의 질문을 습관적으로 하는 경우가 많습니다.

예를 들어, 아래의 질문을 받게 되었을 때 어떤 감정이 느껴질지 생각해 보세요.

"무엇이 문제인가요?"
"그 일을 하지 못한 이유는 무엇인가요?"
"왜 그런 결과가 나왔다고 생각하시나요?"
"지난번 목표를 말씀하셨는데 이번에 해보시겠어요?"
"이번 프로젝트를 하기 어렵다는 말씀인가요?"

위의 질문들은 닫힌 질문 또는 문제에 머무르게 하는 과거 질문입니다. 질문을 받게 되면 감정이 상하고 잘못된 점에 대해 질책받는 느낌이 들 수 있습니다. 또한 이런 질문들은 질문이지만 일방적인 지시처럼 느껴질 수 있습니다.

위의 질문들을 열린 질문과 조직 구성원의 변화와 성장을 도울 수 있는 좋은 질문으로 바꿔보겠습니다.

"무엇이 문제인가요?"
→ "○○가 진정으로 원하는 것은 무엇인가요?"

"그 일을 하지 못한 이유는 무엇인가요?"
→ "그 일을 잘하는 방법은 어떤 것들이 있을까요?"

"왜 그런 결과가 나왔다고 생각하시나요?"
→ "기대했던 결과를 달성하기 위해 어떤 방법을 시도해 보고 싶은가요?"

"지난번 목표를 말씀하셨는데 이번에 해보시겠어요?"
→ "이번 목표를 달성하기 위해 어떤 준비가 필요한가요?"

"이번 프로젝트를 하기 어렵다는 말씀인가요?"
→ "이번 프로젝트 진행을 위해 제가 어떤 도움을 드리면 좋으실까요?"

같은 의미의 질문이라도 어떻게 질문하느냐에 따라 대상자의 생각과 느낌, 답변 내용이 달라질 수 있습니다.

200여 명의 대기업 경영자를 코칭해온 질문의 고수인 일본의 경영자 코치 아와즈 교이치로는 『굿 퀘스천』에서 나쁜 질문에 대해 이렇게 말합니다. "나쁜 질문이란 상대방과의 관계를 악화시켜 상대방의 깨달음, 행동, 성장으로 이어지지 못하는 질문을 말합니다. 질문을 받은 상대방이 불쾌해지거나 슬퍼지는 등 부정적인 기분이 들게 되는 질문이라고 할 수 있습니다. 질문은 사람과 사람의 관계를 대등하게 하고 상하 관계를 바꾸는 힘이 있습니다. 나쁜 질문은 질문이 가진 그런 강점을 제대로 발휘하지 못하는 질문이라고 할 수 있을지도 모르겠습니다."

이처럼 질문은 단순한 대화를 넘어 관계에 큰 영향을 미칠 수 있습니다. 조직에서 업무에 관해 이야기하는 상황이 많지만 질문 하나로 팀워크가 좋아져 성과로 이어질 수도 있고, 한순간에 회사를 떠나게 될 수 있는 원인이 되기도 합니다.

따라서 무의식적으로 툭툭 질문을 던지기보다 한 번쯤 내 안의 필터를 만들어 보시길 바랍니다. 조금 더 구체적이고 서로의 성장을 도울 수 있는 질문으로 바꿔보는 노력이 함께 일하고 싶은 조직문화로 자리 잡을 수 있을 것입니다.

소통 연습

1. 나도 모르게 무의식적으로 자주 하는 질문이 있나요? 그 질문을 들었을 때 상대방의 반응은 어땠나요?

2. 프로젝트 마감일을 맞추지 못한 팀원에게 어떤 질문이 좋을까요?

(질문 예시) "왜 마감일을 지키지 못했나요?"

_____

4)

노력에 따라 달라지는 질문 내공

Chat GPT가 세상에 나오면서 질문에 관한 관심이 높아졌습니다. 누구나 사용할 수 있는 AI 기술이지만 실제로 업무에 적극적으로 활용하는 경우는 약 13% 정도에 불과합니다. 얼마 전 고등학생 딸아이가 학교 과제를 해야 한다며 프레젠테이션 자료를 보여주었습니다. 내용을 보니 놀라울 만큼 전문적이고 다양한 사례까지 포함된 꽤 높은 수준의 자료였습니다. 아이에게 어떻게 이런 내용의 자료를 작성할 수 있었는지 물어보니 Chat GPT를 적극적으로 활용했다고 하더군요.

빠르게 변화하는 시대에 발맞춰 강의 자료를 만들고 진행해야 하는 저에게 더욱 필요한 기술이지만 사용해 보기도 전에 막연한 선입견으로 시도조차 하지 않았던 저를 발견했습니다. Chat GPT뿐 아니라 생성형 AI를 활용하는 능력은 다른 역량과 마찬가지로 적극적으로 많이 사용해 봐야 한다는 것을 잘 알고 있습니다. 하지만 낯설고 어렵다는 생각에 익숙한 방법을 선택하게 되죠. 무엇보다 Chat GPT를 잘 활용하려면 어떻게 질문하는가에 따라 답변이 달라질 수 있다는 점 또한 알고 있지만 낯설고 어렵다는 생각에 주저하게 됩니다.

사실 Chat GPT 활용뿐 아니라 좋은 질문은 한 사람의 삶을 바꿔놓을 수 있을 만큼 강력한 힘을 갖고 있습니다. 혼자만의 프레임에 갇혀 해결책을 찾지 못할 때, 강력한 질문 하나로 관점이 바뀌고 복잡했던 생각들이 쉽게 정리되는 경험을 하기도 합니다.

질문이 답이다

코치로서 코칭을 하며 가장 어렵고 중요한 역량이 '질문'입니다. 고객의 말을 호기심을 갖고 적극적으로 경청하며, 고객이 말하지 않는 부분까지 파악해 관점을 전환할 수 있는 질문을 던지는 것이 얼마나 어려운지 코칭을 할수록 느낍니다. 2,000시간 이상 마스터 코치로 활동하시는 코치님께 많은 코치가 가장 많이 하는 질문도 '어떻게 하면 좋은 질문을 할 수 있는가?'입니다. 저도 기대하며 코치님의 노하우를 알고 싶었지만 마스터 코치님의 답변은 간단했습니다. 매일 300개의 질문을 써보고, 그것을 녹음하고 반복해서 외워도 강력한 질문을 던지는 것이 쉽지 않다는 것이었습니다. 마스터 코치님의 말씀을 들으니 충분히 이해되기도 하고, 질문을 잘 하기 위해 나는 얼마나 노력했는지 돌아보는 계기가 되었습니다.

영업 사원에게 가장 중요한 것은 높은 실적을 달성하는 방법입니다. 세일즈 매니저로서 영업 사원들이 성과를 잘 내기 위한 교육 콘텐츠를 기획할 때 빠지지 않는 주제가 '고객에게 얼마나 강력한 질문을 할 수 있는가?'입니다. 또한 실제로 꾸준히 높은 성과를 내며 영업을 잘하는 분들일수록 고객에게 설명하기보다 질문 역량이 뛰어나다는 것을 알 수 있습니다. 질문을 통해 고객은 새로운 관점으로 이해하고 구매까지 결정할 수 있도록 이끌어가는 것이죠. 결국 설명에 의한 설득이 아니라 고객 스스로 질문에 답하며 주도적인 결정을 하는 과정이 영업을 잘하기 위한 노하우가 되는 것입니다.

사람은 질문을 던지면 자연스럽게 자신의 생각을 말하게 됩니다. 그리고 타인의 말을 듣기보다 자신에 대해 말하는 것을 좋아합니다. 영업을 잘하는 분들은 질문을 통해 고객의 이야기를 많이 들음으로써 니즈를 파악할 수 있고, 자연스럽게 고객의 성향과 상황에 맞는 제안을 통해 성과로 이어질 수 있습니다. 초보 영업 사원일수록 질문을 고민하기보다 상품에 대한 지식을 공부하고 고객에게 전달하려는 경향이 있습니다. 고객에게 일방적으로 우리 제품의 특징부터 장점까지 장황하게 설명하느라 정작 고객의 니즈는 파악할 겨를도 없이 상담이 끝나는 경우가 많습니다. 그러고 나서 '나는 설명을 잘했는데 고객의 거절에 상처받고 영업이 어렵다.'라고 하는 경우를 쉽게 볼 수 있습니다.

많은 사람이 영업하는 사람은 말을 잘하고 낯선 사람에게도 잘 다가간다고 생각합니다. 하지만 처음부터 낯가림 없이 영업을 잘하는 사람은 없습니다. 이러한 상황을 수없이 마주하며 영업을 잘하기 위해 자신만의 스크립트를 작성하고 다양한 상황을 설정해 끊임없이 롤 플레이하며 연습합니다. 물론 그 안에 고객에게 던져야 할 강력한 질문도 포함해 많은 고민과 연습을 통해 말하기 연습을 수없이 반복합니다. 영업을 시작할 때 자신의 성향이 내향적이고 낯선 사람에게 다가가는 것이 어려워 잘하기 어렵다고 말합니다. 하지만 성향보다 중요한 것은 얼마나 고민하고 수없이 반복하며 연습하느냐에 따라 성과가 달라지는 모습을 볼 수 있습니다.

매일의 질문, 미래를 바꾸는 열쇠

조직에서 회의하거나 일대일 미팅을 할 때, 협업이나 다양한 상황 속에서도 소통을 잘하기 위해 중요한 것은 상대의 의견을 파악할 수 있는 '질문'입니다. 내가 어떤 말을 할까보다 상대방에게 어떤 질문을 던질까를 고민하면 오히려 더 많은 의견을 듣고 원활한 소통을 할 수 있습니다.

적재적소에 강력한 질문을 할 수 있는 역량은 한순간에 이루어지는 것이 아닙니다. 2,000시간 이상 질문을 매일 외우고 연습한 마스터 코치도 늘 고민하는 점이 어떻게 좋은 질문을 통해 고객에게 도움이 될 수 있는 코칭을 할 수 있을까입니다. 그만큼 영향력 있는 질문을 던지는 것이 얼마나 어려운지를 나타내는 마스터 코치의 솔직한 고백이기도 합니다. 아무 생각 없이 떠오르는 대로 던지는 질문이 아닌, 상대방에게 의미심장한 질문을 던지기 위한 노력을 지금이라도 매일 시도해 보는 것은 어떨까요?

1. 내가 가장 자주 던지는 질문은 무엇이며, 그 질문을 어떻게 더 개선할 수 있을까요?

내가 일상적으로 던지는 질문들을 되돌아보고, 그 질문들이 상대방에게 얼마나 효과적으로 전달되고 있는지 생각해 보세요. 더 나은 질문으로 발전시키기 위해 어떤 점을 개선할 수 있을지 고민해 보세요.

2. 내가 던진 질문이 상대방에게 긍정적인 영향을 미친 경험이 있나요? 그 경험에서 배운 점은 무엇인가요?

내가 던진 질문이 상대방에게 긍정적인 영향을 미친 경험을 떠올려 보고, 그 경험에서 무엇을 배웠는지 분석해 보세요. 이를 통해 어떤 질문이 효과적인지 파악하고, 앞으로의 질문 훈련에 적용해 보세요.

3. 효과적인 질문을 만들기 위해 내가 해야 할 구체적인 노력은 무엇인가요?

질문 훈련을 위해 내가 구체적으로 실천할 방법들을 생각해 보세요. 예를 들어, 매일 질문 리스트를 작성해 본다거나, 롤 플레이를 통해 질문 연습을 하는 등의 구체적인 계획을 세워보세요.

생산성을 높이는 일잘러의 다른 질문

아이에게 "숙제했니?"라고 질문하면, 그 순간 아이는 숙제하려는 마음이 달아난다고 합니다. 한 번은 아이가 저에게 "숙제했냐고 묻지 말아 주세요. 제가 알아서 할게요."라고 조심스레 부탁한 적이 있습니다. 이 상황은 조직 내 소통에서도 마찬가지입니다. 누구나 주도적으로 목표를 세우고 달성하기 위해 노력하지만 가장 어려운 것은 목표를 달성할 수 있도록 자발적으로 할 수 있도록 동기부여 하는 것입니다.

조직의 퍼포먼스 리뷰, 자발성의 딜레마

영업 조직에서는 분기별 퍼포먼스 리뷰(Performance Review, 업적 평가)를 합니다. 3개월 동안의 세일즈 프로세스와 성과 지표를 분석하며 부족한 역량을 파악하고 다음 분기의 목표를 설정하는 중요한 시간이죠. 하지만 이는 마치 학생이 성적표를 들고 부모님 눈치를 보며 다음 시험에서는 더 잘하겠다고 다짐하는 모습과 비슷합니다.

성적표를 들고 있는 아이의 마음은 어떨까요? 자발적이고 적극적인 마음보다 위축되고 수동적인 목표를 설정한 뒤, 빨리 그 시간을 끝내고 싶어합니다. 영업 조직에서도 비슷한 상황을 분기마다 보게 됩니다. 성과에 따라 보상받는 시스템이 있음에도 불구하고 마지못해 리더가 요구하는 목표를 설정하고 수동적으로 일하는 경우가 많습니다. 이런 모습은 자발적인 동기부여의 부족과 자기 주도적 목표 설정의 부재에서 비롯되었을 가능성이 큽니다.

그렇다면 주도적으로 일하며 생산성을 높이기 위해서는 어떻게 해야 할까요?

방법을 가르쳐주고 지시하는 것이 아니라 스스로 생각하고 답하며 결정할 수 있는 다른 질문을 해야 합니다. 물론 질문보다 먼저 필요한 것은 상호 간의 신뢰와 존중하는 마음이겠죠. 아무리 좋은 질문도 상대방과의 관계가 불편하다면 생산성은 당연히 높아질 수 없으니까요. 존중과 신뢰를 바탕으로 분기별 실적리뷰 상황 속에서 스스로 성찰하고 다음 목표까지 세워볼 수 있는 질문 5가지를 적용해 보세요.

- 이번 분기에 가장 큰 도전은 무엇이었나요?
- 현재 프로세스에서 어떤 점을 개선하면 원하는 목표를 달성할 수 있을까요?
- 다음 분기에 달성하고 싶은 가장 중요한 목표는 무엇인가요?
- 그 목표를 달성하기 위해 어떤 자원(도움)이 필요하나요?
- 목표를 이루기 위해 정말 애쓰고 있는 자신에게 해주고 싶은 한마디는 무엇인가요?

질문을 통해 목표를 설정하는 방법

조직은 생산성을 높이고 성과를 많이 내는 것이 중요하지만 이를 잔소리하듯 지시하고 일방적으로 하라고 하는 시대는 이미 지났습니다. 왜 이일을 해야 하는지, 이 일을 통해 내가 얻게 될 커리어 비전은 무엇인지, 내가 원하는 삶과 지금 이 일을 하는 것은 어떤 연관성이 있는지 깊이 생각해 볼 수 있는 다른 질문을 던져야 합니다. 아래 질문들은 셀프 스타터(Self-Starter, 자발적으로 행동하는 사람) 일하며 생산성을 높이는 질문들로 꼭 외워서 적용해 보시기 바랍니다.

1. 왜 이 일을 해야 하는가?
→ "이 일을 통해 내가 조직에 기여할 수 있는 가치는 무엇인가요?"
→ "이 프로젝트가 조직의 전체 목표에 어떻게 기여하나요?"

2. 이 일을 통해 내가 얻게 될 커리어 비전은 무엇인가?
→ "이 일을 성공적으로 마쳤을 때, 내 커리어에 어떤 변화가 생길까요?"
→ "이 경험이 나의 장기적인 커리어 목표에 어떻게 도움이 될까요?"

3. 내가 원하는 삶과 지금 이 일을 하는 것은 어떤 연관성이 있는가?
→ "내가 원하는 삶의 방식과 이 일이 어떻게 연결되어 있나요?"
→ "이 일이 내가 추구하는 가치를 어떻게 반영하나요?"

4. 지금 나는 어떤 상태인가?

→ "현재 내 업무 성과에 만족하고 있나요? 그렇지 않다면, 그 이유는 무엇인가요?"

→ "나의 업무 수행 방식에서 개선이 필요한 부분은 무엇인가요?"

5. 내가 원하는 목표는 무엇이며 그것을 달성하기 위해 내가 할 수 있는 일은 무엇인가?

→ "내가 가장 이루고 싶은 목표는 무엇인가요?"

→ "그 목표를 달성하기 위해 내가 당장 시작할 수 있는 행동은 무엇인가요?"

6. 어떤 도움이 필요한가?

→ "목표를 달성하기 위해 내가 필요한 지원은 무엇인가요?"

→ "어떤 리소스나 조언이 나에게 도움이 될까요?"

질문이 만드는 생산성의 기적

경영 컨설턴트이자 『고수의 질문법』의 저자 한근태 교수는 이렇게 말합니다. "지시받은 사람은 팔과 다리만을 사용한다. 질문을 받은 사람은 머리를 사용하기 시작한다. 서로 질문을 하면 상대의 관점과 자신의 관점을 분명히 알 수 있다. 새로운 아이디어와 통찰력을 얻을 수 있고, 의사결정의 품질을 높일 수 있다. 실행력을 높일 수 있으며, 갈등을 최소화할 수 있다. 결국 질문을 통해 자발성을 높이고 실행력을 높이면 생산성이 좋아진다."

조직 내 소통은 단순한 지시와 확인이 아니라 구성원들이 스스로 생각하고 행동할 수 있도록 돕는 과정이어야 합니다. 높고 빠른 성과를 달성하는 것도 중요하지만 그보다 중요한 것은 구성원과 조직이 함께 건강하고 탄탄하게 성장할 수 있어야 진정한 의미의 생산성이라고 볼 수 있습니다. 주도적이고 행복한 삶을 살아가기 위해 자기 일을 깊이 있게 고민하는 과정은 질문을 통해 이루어질 수 있습니다. 한순간에 질문을 잘하기 어렵지만, 하루에 한가지씩 질문해 보시길 바랍니다. 나와 조직의 놀라운 성장을 발견할 수 있을 것입니다.

소통 연습

1. 주도적인 목표 설정의 중요성
조직의 성과를 높이기 위해서는 구성원들이 스스로 목표를 설정하고 이를 달성하기 위한 계획을 세우는 것이 중요합니다. 단순한 지시보다는 깊이 생각할 수 있는 질문을 통해 자발적으로 목표를 설정하도록 도와야 합니다.

(질문 예시) "다음 분기에 달성하고 싶은 가장 중요한 목표는 무엇인가요?"

2. 개인과 업무의 연관성 이해하기
구성원들이 자신의 업무와 개인적 목표를 연결 지을 수 있도록 돕는 것이 중요합니다. 업무가 개인의 커리어 비전과 어떻게 연관되어 있는지 생각해 보게 함으로써 동기부여를 높일 수 있습니다.

(질문 예시) "이 일을 통해 내가 얻게 될 커리어 비전은 무엇인가요?"

3. 필요한 자원과 지원 파악하기

목표를 달성하기 위해 필요한 자원과 지원을 명확히 하는 것은 중요합니다. 구성원들이 자신이 필요로 하는 지원을 명확히 인식하고 이를 요청할 수 있도록 해야 합니다.

질문 예시 "목표를 달성하기 위해 어떤 자원이 필요한가요?"

6장

소통의 피날레,
공감의 힘

"성과는 숫자로 측정할 수 있지만,
진정한 소통은 사람의 마음을 이해하는 데서 온다."

- 존 맥스웰(John Maxwell)

1)

"그랬구나", "됐고", "알겠고" 포장된 공감 3종 세트

여중, 여고, 여대를 졸업하고 여성이 85% 이상인 조직에서 첫 사회생활을 시작한 저는 여성의 소통법을 먼저 익혔습니다. 결론보다 과정을 구체적으로 설명하고 빠른 해결책보다는 마음을 먼저 공감하는 대화에 익숙했죠. 더구나 호텔리어로서 서비스 커뮤니케이션의 중요성을 수없이 교육받고 적용해 온 터라 일상에서도 서비스 언어로 표현하는 것이 자연스러울 만큼 공감 대화법이 익숙해졌습니다.

그 후에도 대부분 학부모를 대상으로 자녀를 위한 독서법을 주제로 강연과 상담을 진행하며 경청과 공감을 표현하는 대화를 훈련했습니다. 그러다 남성이 약 90%인 영업 조직에 세일즈 매니저로 스카우트를 제안받고 일하게 되면서 가장 먼저 혼란스럽고 적응하기 어려웠던 것이 소통법이었습니다. 매일, 매주의 목표 달성과 실적이 중요한 영업 조직에서는 과정도 중요하지만, 결과가 중요했기에 문제 해결에 집중하는 소통법이 당연했습니다. 비록 목표 달성을 하지 못하고 원하는 실적을 올리지 못해도 상대방의 마음에 귀 기울이고 표현할 겨를이 없는 조직문화였다고 해야 할까요? 무엇보다 기억에 남아있는 표현 중 하나는 "그래서 결론이 뭔데?"라는 냉랭한 질문이었습니다.

매니저로서 많은 고민 끝에 다양한 의견을 제안하고 함께 시도해 보고자 회의에서 이야기하면 상사의 답변은 언제나 결론부터 말하라는 것이었습니다. 그런 분위기를 이겨내며 꿋꿋하게 제 생각을 자유롭게 표현하는 순간들이 줄어들기 시작했습니다. 어차피 말해봤자 결론이 마음에 들지 않으면 무시되는 답정너와 같은 분위기 속에서 열정적으로 일하고 싶은 마음마저도 서서히 식어갔습니다.

　조직 활성화를 위한 워크숍에서는 성별과 연령대, 직급과 직무를 다양하게 매칭해 조별 활동을 진행합니다. 대화해야 할 주제를 안내하고 활동하는 모습을 관찰하면 팀별 분위기가 크게 다르다는 것을 느낍니다. 어떤 조는 시작부터 밝고 에너지가 넘치며 적극적으로 대화에 참여하는 반면, 어떤 조는 대화가 끊기고 주로 말하는 사람만 이야기하는 모습이 보이기도 합니다. 똑같은 상황이 주어져도 분위기가 다른 이유를 관찰해보면, 상호 간 대화 내용을 얼마나 경청하고 공감하는지에 따라 180도 다르다는 것을 알게 됩니다.

　무엇보다 팀원 중 누군가가 중간에 말을 자르거나 자신의 의견을 강하게 주장하며 대화 비중을 많이 차지하는 팀은 분위기는 물론 의견의 다양성도 현저히 적다는 것을 알 수 있습니다. 세계적인 저널리스트이자 작가인 대니얼 코일은 '왜 어떤 집단은 개인의 능력을 합친 것보다 작아지고, 어떤 집단은 더 큰 위력을 발휘할까?'라는 문제의 실마리를 찾기 위해 3년에 걸쳐 전 세계에서 최고로 꼽히는 팀들을 연구했습니다. 그 내용을 『최고의 팀은 무엇이 다른가』에서 가장 중요한 세 가지로 요약했습니다.

 그 중 첫 번째는 심리적 안전의 원천, 소속 신호의 특징을 잘 파악하는 것입니다.

 에너지: 지금 일어나는 소통에 에너지를 집중한다.
 개인화: 개개인을 특별하고 가치 있게 대한다.
 미래지향: 관계를 지속할 것이라는 신호를 보낸다.

 조직의 많은 리더와 구성원들이 나누는 대화는 주로 업무에 관련된 내용으로 이루어집니다. 그러므로 감정보다 현실에, 원인과 해결책, 문제점과 개선 방안을 먼저 생각하기 쉽습니다. 늘 바쁘고 빠르게 변화하는 시대에 맞춰나가기 위해 더 짧고 간결하며 빠른 의사결정이 중요하게 여겨지는 순간들도 많습니다. 하지만 AI가 아닌 사람과 사람 사이에 이루어지는 모든 대화는 대니얼 코일이 강조한 상호 간의 에너지, 그리고 상대를 존중하고 가치 있게 대하는 마음, 관계 유지에 대한 신호가 얼마나 중요한지를 먼저 생각해야 합니다.

 조직에서 가장 많이 하는 말이지만 가장 듣기 싫은 말 3종 세트인 "그랬구나", "됐고", "알겠고" 같은 표현을 나도 모르게 자주 사용하고 있는 건 아닌지 돌아봐야겠습니다.

1. "그랬구나", "됐고", "알겠고"와 같은 형식적인 공감 표현을 사용했을 때, 상대방이 느끼는 감정은 어떨까요?

이러한 표현들이 상대방에게 진정한 이해와 관심을 전달하지 못할 때, 그들의 반응이나 감정 변화를 생각해 보세요.

2. 형식적인 공감 표현을 자주 사용하는 당신의 대화 습관을 돌아보세요. 그러한 표현을 사용하는 이유는 무엇이라고 생각하나요?

예를 들어, 시간을 절약하기 위해서인지, 아니면 깊이 있는 대화를 피하려는 무의식적인 방어 기제 때문인지 생각해 봅시다.

3. 직장에서의 소통에서 형식적인 공감 대신 진정한 공감을 표현하기 위해 어떤 구체적인 노력을 할 수 있을까요?

진정한 공감을 표현하기 위해 어떤 질문을 더 할 수 있는지, 또는 어떤 대화 방식을 채택할 수 있는지 구체적인 방법을 고민해 보세요.

'무의식적인 판단'보다 '의식적 관찰'이 우선

요즘 뉴스나 소셜 미디어를 보면 무의식적인 판단으로 인해 발생하는 갈등과 오해가 얼마나 많은지 느낄 수 있습니다. 예를 들어 자극적인 기사나 SNS에 올린 글의 댓글을 보면 문제의 심각성을 금세 알 수 있죠. 유명 연예인들은 댓글로 인해 안타까운 선택을 할 만큼 무의식적인 판단과 표현이 얼마나 악영향을 주는지 느끼게 됩니다.

저 역시 SNS를 통해 다양한 글을 올리고 강의나 코칭을 통해 수많은 고객을 만나며 피드백을 듣게 됩니다. 대부분 좋은 피드백을 듣지만 가끔 그렇지 않은 의견을 보게 될 때 정신적, 신체적으로 힘든 시기를 겪은 적이 있습니다. 반성을 넘어 일에 대한 의욕을 잃게 되기도 하고, 자신감과 보람도 떨어지는 아픈 경험을 하게 된 것이죠.

이처럼 우리는 종종 타인의 의도나 상황을 깊이 이해하지 못한 채 무의식적인 판단과 평가, 충고, 조언합니다. 이러한 표현은 개인의 편견이나 과거 경험에 기반하여 이루어지며, 이는 관계의 단절과 갈등을 초래하게 되죠. 특히 조직 내에서 이러한 무의식적인 판단이 이루어지면 팀워크나 생산성에도 부정적인 영향을 끼칩니다.

현대 사회에서 소통의 중요성은 아무리 강조해도 지나치지 않습니다. 소통은 단순한 정보 전달을 넘어서 서로를 이해하고 공감하는 과정을 포함합니다. 하지만 무의식적인 판단이 개입되면 소통은 쉽게 왜곡되고 갈등을 초래하게 됩니다.

예를 들어, 회사에서 팀원들 간에 오해가 생기거나, 상사와 부하 직원 간에 불신이 생기면 이는 조직 전체의 분위기를 해치고 성과에도 부정적인 영향을 미칩니다. 따라서 우리는 무의식적인 판단을 주의하고 의식적으로 상대방을 관찰하며 이해하려는 노력이 필요합니다. 이를 통해 우리는 더 나은 소통과 협력을 끌어낼 수 있으며, 조직 내의 갈등을 최소화할 수 있습니다.

공감의 마법: 마음의 신발 신기

공감은 다른 사람의 감정이나 상황을 이해하고, 그에 따라 감정적으로 반응하는 능력입니다. 쉽게 말해 상대방의 신발을 신어보고 그들의 입장에서 생각해 보는 것이죠. 공감은 단순히 타인의 감정을 느끼는 것을 넘어 그들의 상황과 관점을 이해하고, 이를 기반으로 적절하게 반응하는 것을 포함합니다.

그렇다면 어떻게 하면 공감을 잘할 수 있을까요? 바로 무의식적인 판단을 넘어서 의식적인 관찰을 해야 합니다.

예를 들어 팀장인 이 과장은 새로운 아이디어를 제안했을 때 팀원들이 그 아이디어를 반대하는 이유를 잘 들어보지 않고, 무조건 자기 아이디어가 옳다고 주장하는 경우가 있습니다. 이런 상황에서는 팀원들의 관점에서 왜 반대하는지를 잘 관찰하고 이해하는 것이 중요합니다.

실제 코칭을 통해 경험했던 사례를 소개해 드릴게요.

어느 중소기업에서 마케팅팀장인 그는 새롭고 혁신적인 캠페인을 제안했다고 합니다. 하지만 팀원 중 한 명이 그 캠페인이 성공할 가능성이 작다고 생각하며 강하게 반대 의견을 표현했고, 그 순간 화를 못 참고 언성을 높였다고 합니다. 코칭 대화를 통해 반대한 팀원의 의견이 어땠는지 질문해 보니 과거 프로젝트 경험에서 비롯된 무의식적인 판단과 표현이 기분을 상하게 했다고 말씀하셨습니다. 반대한 팀원은 이전 프로젝트에서 실패했던 경험을 떠올리며 이번 캠페인도 같은 길을 걸으리라 판단한 것이 팀장을 무시하는 행동이라고 느꼈다고 합니다.

결국 팀장은 팀원의 반대를 무시하고 캠페인을 추진했다고 합니다. 팀원들 간의 신뢰는 크게 손상되었고, 팀장은 자신의 판단이 옳다고 믿었기에 팀원들의 의견을 경청하지 않았다는 것을 코칭을 통해 깨닫게 되었습니다. 결국 캠페인은 성공을 거두었지만, 팀 내 갈등은 깊어졌고 이후 프로젝트에서 팀워크는 크게 저하되어 어떻게 다시 예전처럼 관계를 회복할 수 있을지에 대한 고민을 털어놓으셨습니다. 다행히 여러 차례 코칭을 진행하며 팀장은 팀원을 공감하기 위해 여러 가지 방법을 통해 오해를 풀었고, 팀 분위기도 점점 나아지고 있다는 말씀을 전해주셨습니다.

공감의 힘: 행복한 조직을 만드는 비밀

공감을 잘하는 사람은 조직 내에서 좋은 관계를 유지하며, 이는 곧 조직의 성과로 이어집니다. 예를 들어 공감을 잘하는 리더가 있는 조직은 그렇지 않은 조직에 비해 직원들의 만족도와 생산성이 높다는 연구 결과를 볼 수 있습니다. 한 연구에 따르면 공감 능력이 높은 리더가 있는 조직은 그렇지 않은 조직보다 직원들의 업무 만족도가 20% 이상 높았으며, 조직의 전체 성과도 15% 이상 향상되었다고 합니다.

공감은 팀원들이 서로를 이해하고 배려하는 문화를 만들며 이는 곧 조직의 성공으로 이어집니다. 공감 능력이 높은 팀은 서로의 의견을 존중하고, 갈등 상황에서도 더 나은 해결책을 찾을 수 있습니다.

결론적으로 우리는 무의식적인 판단을 경계하고 의식적으로 상대방을 관찰하고 이해하려는 노력을 기울여야 합니다. 이를 통해 우리는 조직 내에서 더 나은 소통과 협력을 끌어낼 수 있으며 궁극적으로 조직의 성과와 개인의 만족도를 모두 높일 수 있습니다. 공감을 통해 서로를 이해하고 배려하는 문화가 자리 잡을 때, 우리는 더욱 행복하고 성공적인 조직을 만들어갈 수 있을 것입니다.

여러분도 오늘부터 무의식적인 판단 대신, 의식적인 관찰을 통해 더 나은 소통을 시작해 보세요! 공감의 마법이 여러분의 조직을 변화시킬 것입니다.

소통 연습

1. "이 상황에서 내가 놓치고 있는 상대방의 입장은 무엇일까?"
회의 중이나 프로젝트 진행 중에 갈등이 발생했을 때, 이 질문을 자신에게 던져보세요. 팀원들이 왜 반대하는지, 그들의 경험과 관점은 무엇인지를 생각해 보는 것만으로도 공감의 첫걸음을 뗄 수 있습니다.

2. "이 아이디어에 대한 나의 반대는 무의식적인 판단인가요?"
새로운 아이디어나 제안이 나왔을 때, 무조건적인 반대보다는 이 질문을 던져보세요. 나의 반대가 과거 경험이나 편견에 기반한 것은 아닌지, 충분히 숙고한 후에 판단하는 것이 중요합니다.

3)
누구에게나 존재하는 '그럴만한 이유'

여러분은 직장에서 아끼는 후배가 6개월 전부터 직장 내 괴롭힘을 받아 힘들어하며 회사를 그만두고 싶다고 고민을 털어놓는다면 어떤 말을 먼저 해주실 건가요?

이 질문을 MBTI 워크숍에서 던져보면 T와 F의 반응이 확연히 다릅니다. T 성향의 사람들은 '누가 그랬는지', '언제부터 그랬는지' 등을 원인을 파악하고, '어딜 가나 그런 사람은 있으니 버텨봐라.', '다른 데 갈 곳은 정했어?' 등의 해결책에 집중합니다.

반면 F 성향의 사람들은 '힘들었겠다', '어떤 X야?' 힘든 마음에 공감하며 위로해 주는 답변을 볼 수 있습니다.

그렇다면 무조건 T가 나쁘고 상대방의 감정에 공감하는 F가 옳을까요? 당연히 그렇지 않습니다.

"6개월 동안 정말 힘들었을 텐데…. 내가 몰랐네. 지금 마음은 어때? 혹시 어떤 상황인지 이야기해 줄 수 있을까?" 이유를 묻더라도 상대방의 마음에 먼저 귀 기울인다면 그것만으로도 큰 위로와 신뢰를 느낄 수 있습니다.

정신과 의사이자 세월호 유가족, 국가 폭력 피해자의 치유자인 정혜신 박사는 '공감은 타고나는 것이 아니라 배우는 것'이라고 말합니다. 공감을 '정서적 공감'과 '인지적 공감'으로 나눈다면 그 비율이 2:8 정도로, 공감이란 것은 인지적 노력이 필수적이라고 합니다. 정서적 공감은 타인의 고통에 대한 높은 감수성과 결합한 성숙한 공감력을 의미하며, 정서적 호들갑과는 구별해야 한다고 말합니다. 상황을, 그 사람을 더 자세히 알면 알수록 상대를 더 이해하게 되고, 더 많이 이해할수록 공감은 깊어질 수 있다고 강조합니다.

직장에서 우리는 다양한 사람들과 협력하며 많은 시간을 보냅니다. 하지만 사소한 오해나 갈등이 쌓이면 업무 효율성뿐만 아니라 개인의 정서적 안정에도 큰 영향을 미칩니다. 이러한 문제의 근본 원인은 상대방의 행동이나 말에 대한 이해 부족, 즉 공감의 결여에서 비롯됩니다.

사소한 불편 뒤에 숨겨진 이야기

평소 지각이 잦고 연락도 잘 안되는 영업 1년 차 팀원과 갈등이 있었던 과거 저의 사례를 말씀드려 볼게요.

"이 대리, 고객 상담 갔다가 왜 그렇게 연락이 안 됐어요? 일부러 안 받은 거 아니에요?"
"죄송합니다, 팀장님. 상담 후 답답해서 혼자 있었습니다."

이 대리는 고객 상담 후 연락이 두절된 일이 여러 번 있었습니다. 저는 그날도 이 대리가 일부러 연락을 피한다고 생각했고, 여러 가지 이유를 미리 판단하고 고객 상담 결과에만 관심을 두고 대화를 나눴습니다. 하지만 알고 보니 이 대리가 상담 후 극심한 스트레스를 받아 숨쉬기 어려워 병원에 다녀왔다는 사실을 나중에야 알게 되었습니다. 이 대리의 상황을 알게 된 후 저는 큰 깨달음을 얻게 되었습니다. 그동안 상대방의 행동을 보며 미리 판단하고 이 대리의 연락 두절 뒤에는 그럴만한 이유를 전혀 생각하지 않았던 것이었습니다.

그 후 저는 이 대리에게 마음을 다해 사과했고, 구체적인 이 대리의 상황에 대해 이해하며 도울 방법을 함께 모색할 수 있었습니다.

그 당시 저는 이 대리가 입사 당시 경제적으로 어려운 상황이라 일에 더 집중하고 싶다는 마음을 느껴 팀장으로서 더욱 돕고 싶었던 마음이 강했습니다. 고객 상담 전에도 철저히 준비할 수 있도록 여러 가지 상황을 롤 플레이까지 하며 노력했던 것이죠. 열심히 노력한 만큼 이 대리가 성과로 이어지길 누구보다 간절히 응원했던 마음도 있었습니다. 하지만 그 당시 서로에 대한 마음을 표현하고 공감하기보다 각자의 입장에서 생각하고 행동했던 점들이 갈등으로 이어지게 된 상황이 일어났던 것입니다.

공감이 주는 힘

조직 내에서 공감은 단순한 동정 이상의 의미를 지닙니다. 상대방의 상황을 이해하고 그럴만한 이유가 있다는 것을 인정하는 것은 곧 신뢰와 협력의 기반을 다지는 일입니다. 앞서 언급한 사례들처럼 구체적인 표현과 상대방의 이유에 관심을 기울인 공감이 큰 변화를 끌어낼 수 있습니다.

직장 생활 속에서 우리는 때로는 상사로서, 때로는 동료로서 상대방의 입장을 헤아려야 할 필요가 있습니다. 상대방의 상황과 감정을 이해하려는 노력은 더 나은 소통을 가능하게 하고, 나아가 조직 전체의 분위기를 긍정적으로 바꿀 수 있습니다. 상대방의 이야기에 귀 기울이고, 그럴만한 이유가 있다는 것을 인정하는 적은 노력으로도 우리는 더 단단한 관계를 만들어갈 수 있습니다. 이를 통해 우리는 서로에게 더 큰 힘이 되어주고 더 나은 조직문화를 형성할 수 있을 것입니다.

소통 연습

1. 상대방의 이유를 생각하지 못하고 오해했던 경험 떠올리기

직장에서 누군가의 상황을 잘 이해하지 못하고 오해했던 경험이 있나요? 그때 상대방이 어떤 이유로 힘들어했는지, 그리고 그 상황에서 당신이 무엇을 놓쳤을지 생각해 보세요.

2. 해결 방법과 공감의 방법 찾기

그 오해를 해결하기 위해 당신은 어떻게 해야 했을까요? 앞으로 비슷한 상황에서 더 나은 소통과 공감을 위해 어떤 방법을 사용할 수 있을지 고민해 보세요.

진정한 공감은 최고의 동기부여

저희 아이는 5년 전부터 애견미용사가 되고 싶다며 간절한 마음으로 자신의 꿈을 이야기했습니다. 초등학교 시절엔 아이가 배우고 싶어 하는 것도 많고, 꿈도 자주 바뀌다 보니 크게 신경 쓰지 않았습니다. 많은 부모가 어린 시절 아이의 꿈을 응원하다가 아이가 성장하면서 현실적으로 변하고, 결국 성적에 맞춘 대학을 목표로 삼게 되는 모습을 보이죠. 그러나 저희 아이는 초등학생임에도 불구하고 애견 미용에 대한 간절한 열망을 보여주었습니다.

그 마음을 이해하며 아이가 실제로 애견 미용을 체험할 수 있는 학원을 알아봤습니다. 중학생부터 수강이 가능하다는 사실을 알게 되어 중학교에 입학하자마자 아이가 꿈을 경험할 수 있도록 학원에 등록했습니다. 방학 동안 아이는 열심히 배우며 예상치 못한 반응을 보였습니다.

"엄마, 실제로 애견 미용을 공부해 보니 너무 재미있어요. 그런데 지금은 내가 공부를 더 열심히 하는 게 맞는 것 같아요. 그동안 영어를 싫어해서 학원도 안 다니고 포기했었는데 원장 선생님께서 애견미용사로 국제 대회 심사위원도 할 수 있고, 대학교에 반려동물 미용 관련 학과가 생겨서 교수가 될 수 있는 기회가 있다고 하셨어요. 그래서 앞으로 애견 미용만 할게 아니라 더 큰 꿈을 이루고 싶은데 그때 공부를 안 해서 자격이 안 되면 너무 속상할 것 같아요. 이제부터 영어 공부 열심히 해서 해외 유학도 가고 더 큰 꿈을 도전해 볼래요."

평소 공부하라는 잔소리를 안 하는 편이지만 내심 영어 공부를 포기하겠다는 말을 듣고 엄마로서 고민이 많았습니다. 아이에게 '어떻게 해야 영어를 공부하게 할까?'라는 고민보다 아이의 꿈에 대한 간절한 마음을 진심으로 공감해 주고 도와주는 것이 오히려 아이에게 동기부여가 될 수 있다는 신기한 경험할 수 있었습니다.

탁월한 동료와 조직의 성장

'최고의 복지는 탁월한 동료다.'

요즘 조직 구성원이 바라는 최고의 복지는 문화 활동이나 금전적 보상이 아니라 '탁월한 동료'와 함께 일하는 것이라고 합니다. 직장 내 스트레스 요인 중 가장 큰 비중을 차지하는 원인이 '인간관계'라는 통계자료만 봐도 함께 일하는 사람의 영향이 크다는 것을 알 수 있습니다. 그런 이유로 탁월한 동료가 물질적인 보상보다 팀의 성장과 구성원 간 동기부여 방법으로 훨씬 효과적이라는 의미를 담고 있습니다.

그동안 수많은 조직에서 '자기 및 타인 이해를 위한 강점 소통 워크숍'을 진행하며 발견한 점이 있습니다. 워크숍 커리큘럼 중 반드시 진행하는 과정인 '강점 샤워링' 활동을 통해 팀원에게 자신의 강점과 취약점에 관해 이야기합니다. 타인에게 취약점을 공감받고, 그동안 서로 표현하지 못했던 강점에 대해 인정과 응원받을 때 가장 밝은 표정과 일에 대한 보람과 자신감을 느끼는 모습을 볼 수 있었습니다.

조직에서 강의나 코칭을 진행하다 보면 열정적으로 참여하는 분도 있지만 의욕이 떨어져 있거나 반응이 적은 분도 만나게 됩니다. 이런 분에게 전문적인 지식을 일방적으로 전달하기보다는 현재 그분의 마음이 어떨지 이해하며 조원과 자연스럽게 자신의 이야기를 나눌 때 공감하며 교육에 참여하게 됩니다.

저는 조직의 리더가 처음 되었을 때 '각기 다른 팀원에게 어떤 동기부여 방법으로 성장을 도울 수 있을까?'에 대한 고민이 많았습니다. 이때 저도 많은 리더가 흔히 하는 실수를 했습니다. 팀원이 일을 잘할 수 있도록 돕겠다는 마음에 팀원이 일하는 과정에 깊숙이 관여하며, 세세한 지시와 관리하는 마이크로 매니징을 했던 것이죠. 그러나 오히려 팀원들은 이로 인해 힘들어했고 자율성을 잃은 채 의욕과 성과까지 떨어지는 결과를 낳았습니다.

리더는 팀원이 일을 잘할 수 있도록 개별적인 성향과 상황에 맞춘 방법도 알려주고 환경적인 요소도 최대한 팀원을 배려하는 노력도 필요합니다. 하지만 그보다 우선은 팀원에 대해 진심 어린 관심과 이해, 그리고 공감이 먼저입니다. 리더와 팀원 관계뿐 아니라 함께 일하는 구성원 모두가 서로에 대한 공감이 이루어지면 공동체 의식이 높아지고 자연스럽게 일에 대한 동기부여도 생기게 됩니다.

공감을 통한 안전감이 곧 최고의 동기부여

개인의 목표가 곧 팀의 목표가 되고, 나아가 조직의 목표 달성과 구성원이 성장하는 조직이 되려면 각자 자기 일에 대한 책임감과 능동적인 마음가짐이 필요합니다. 업무 수행 중 예상치 못한 위기와 갈등 이슈는 수시로 일어납니다. 이때 문제 해결을 위한 소통 과정에서 팀원은 극복할 힘과 소속감과 안전감을 느끼게 됩니다. 결국 나에게 위기가 닥쳐도 팀원이 나를 지지하고 공감해 주고 있다는 마음이 느껴지면 힘든 상황도 무사히 극복할 수 있습니다.

동기부여는 말보다 상대에 대한 진심 어린 관심과 이해, 그리고 공감이 먼저입니다. 팀원과의 진심 어린 소통과 공감은 조직의 목표 달성과 개인의 성장을 동시에 이뤄낼 수 있는 강력한 원동력이 될 것입니다.

1. 최근에 팀원 중 누군가가 직면한 어려움이나 고민에 대해 진심으로 공감해 준 적이 있습니까?

그 팀원이 자신의 이야기를 편안하게 나눌 수 있도록 어떤 방법을 사용했는지, 그리고 그 결과로 팀원의 동기부여나 팀 분위기가 어떻게 변화했는지 생각해 보세요.

2. 팀원들이 자율성을 가지고 일을 할 수 있도록 지원하는 데 얼마나 노력하고 있습니까?

마이크로 매니징 대신 팀원들이 스스로 문제를 해결하고 성장할 수 있도록 도와준 경험이 있다면, 그때 어떤 접근 방식을 사용했는지 구체적으로 떠올려 보세요. 이 경험이 팀의 성과와 팀원의 의욕에 어떤 긍정적인 영향을 미쳤는지 생각해 보세요.

공감받는 사람이 제대로 공감할 수 있다

영화 〈인사이드 아웃 2〉에서 주인공 라일리는 사춘기에 접어들며 긍정적인 감정보다 당황, 따분함, 불안 등의 감정을 더 자주 느끼게 됩니다. 다양한 연구에 따르면 이러한 감정들은 종종 부정적인 것처럼 보이지만 건강한 자아를 형성하는 데 매우 중요한 역할을 한다는 메시지를 전합니다.

예를 들어, '당황'이라는 감정은 사회적 규범을 지키는 데 필요한 감정으로 우리의 도덕적 기준을 유지하는 데 도움을 줍니다. '따분함'은 역으로 창의성과 문제 해결 능력을 키우는 데 필수적입니다. 우리가 지루함과 따분함을 느낄 때 새로운 아이디어를 떠올리고 기존의 문제를 해결하는 데 집중할 수 있게 되는 원리죠. 그리고 '불안'은 미래를 예측하고 대비하는 데 필요한 감정으로, 우리의 계획과 준비를 돕습니다. 라일리의 이러한 감정들은 사춘기를 지나며 더욱 복잡해지지만 이는 그녀가 건강한 성인으로 성장하는 데 필수적인 과정입니다. 그녀는 다양한 감정을 인정하고 받아들이면서 자신의 정체성을 확립하고 타인과의 관계를 개선해 나갑니다.

이는 조직에서도 마찬가지입니다. 회사 내에서도 다양한 감정들을 표현하고 서로 공감하는 문화가 필요합니다. 각기 다른 배경과 경험을 가진 구성원들이 모여 일하는 조직에서 이러한 감정들을 이해하고 존중하는 것이 건강한 조직문화를 만드는 데 가장 먼저 갖춰야 할 자세입니다.

변화하는 조직문화 속 공감의 도전

하지만 우리나라의 많은 조직은 탑다운(Top Down Management) 방식의 일방적인 조직문화가 여전히 남아있습니다. 최근에는 다양성(DEI) 존중 및 수평적인 문화가 중요시되고 있죠. 하지만 기성세대는 이러한 문화를 빠르게 인정하고 공감한다는 것이 어려울 수 있습니다. 과거 조직에서 경험하지 못했던 다양한 감정을 표현하고 의견을 존중하며 공감하는 문화가 어색하고 시간이 걸리는 것은 당연한 사실이기도 합니다.

한 대기업의 TF(Task Force) 팀에서 근무하는 신입사원의 코칭 사례입니다. 이 부서에는 오랫동안 근무한 부장님과 신입사원이 함께 일하고 있다고 합니다. 부장님은 TF팀으로 결성되어 단기간에 빠르게 성과를 달성해야 하므로 직원들에게 성과 위주의 업무 수행 방식을 은연중에 강요했다고 합니다. 개인의 사생활보다는 업무 성과를 최우선시하는 리더였던 것이죠.

반면, 신입사원은 워라밸(Work-Life Balance)을 중시하는 요즘 세대의 일원으로 일과 삶의 균형을 중요하게 생각하는 사람이었습니다.

하루는 신입사원이 부모님의 병원 진료 때문에 조퇴를 요청했다고 합니다.

부장님은 이 요청을 탐탁지 않아 했고, "일에 지장이 생기면 안 되니 중요한 업무는 다 끝내고 가세요."라며 신입사원의 상황을 충분히 공감해 주지 않았다고 합니다. 신입사원은 서운함을 느꼈지만 부장님의 권위에 눌려 그 당시 구체적인 상황과 감정을 표현하기 어려웠다고 합니다.

그로부터 며칠 후 신입사원은 부장님이 시킨 업무를 제대로 수행하지 못해 "그럴 줄 알았다."라는 말을 듣고 회사를 그만두고 싶을 만큼 화가 났었다고 합니다.

게다가 부장님은 "요즘 애들은 일에 대한 책임감이 부족하다."라며 질타했고, 신입사원은 "개인적인 사정도 공감해 주지 않는데 이런 회사에서 어떻게 일할 수 있겠습니까?"라며 분노에 가득 찬 목소리로 심정을 토로했습니다. 이러한 갈등은 결국 신입사원의 일에 대한 의욕 저하와 부서 내 불화로 이어졌습니다.

그 당시 공감받지 못한 신입사원은 부장님의 사정 역시 공감하지 못했고, 두 사람 간의 이해 부족은 다른 팀원에게도 부정적인 영향을 미쳤다고 합니다.

공감의 대물림과 조직문화

공감은 타인의 감정과 상황을 이해하는 능력입니다.

공감받는 사람이 제대로 공감할 수 있다는 말은 '공감의 경험이 공감하는 능력을 키운다'는 의미입니다. 조직 내에서 공감이 부족하면 갈등과 소통의 단절이 발생하지만 반대로 공감이 충만하면 서로를 이해하고 협력하는 건강한 조직문화를 형성할 수 있습니다.

이를 위해서는 나부터 제대로 공감하려는 노력이 필요합니다. 내 주변의 동료와 부하 직원의 감정을 이해하고 그들의 이야기를 진심으로 들어주는 태도를 보이는 것이 중요합니다.

 공감의 대물림은 그렇게 시작됩니다. 한 사람이 보여주는 공감의 행동이 다른 사람에게 전해지고, 그 사람이 다시 또 다른 사람에게 공감하는 선순환이 이루어질 때 우리는 진정한 공감의 조직문화를 형성할 수 있을 것입니다.

소통 연습

1. 최근에 팀원 중 누군가가 개인적인 사정으로 인해 업무 조정이나 조퇴를 요청한 상황을 떠올려 보세요.
그때 어떻게 공감하며 대응했는지 생각해 보세요. 공감을 통해 팀원의 감정을 이해하고 지원하는 방법은 무엇이 있을까요?

2. 팀원에게 성과 피드백을 줄 때 그들의 감정과 상황을 고려한 적이 있나요?
예를 들어 업무 성과가 기대에 미치지 못했을 때 그들의 어려움을 이해하며 피드백을 제공하는 방법을 생각해 보세요. 공감을 통해 더 효과적으로 피드백을 전달하는 방법은 무엇일까요?

3. 팀 프로젝트를 진행하는 동안 갈등이나 의견 충돌이 발생했던 상황을 떠올려보세요.
그때 상대방의 입장과 감정을 이해하려고 노력한 경험이 있나요? 공감을 통해 갈등을 해결하고 협력을 증진하는 방법에 대해 생각해 보세요.

7장

소통의 솔루션,
MBTI의 힘

"모든 것을 외부에서 찾는 사람은, 그가 얻지 못할 때 실망한다.
모든 것을 내부에서 찾는 사람은,
그의 마음이 충만해질 때 진정한 만족을 느낀다."

- 칼 융(Carl Jung)

1)
세상에 나와 똑같은 MBTI는 없다

초등학생부터 성인들까지 세대를 불문하고 MBTI 열기가 여전히 뜨겁습니다. 하지만 강의 현장에서 MBTI에 대한 신뢰도에 대해 질문해 보면, 재미로 가볍게 나누는 주제일 뿐 진지하게 자신의 선호 경향에 대해 생각해본 사람은 많지 않습니다. MZ세대도 여러 번 온라인 무료 검사를 해봤지만, 결과가 다르게 나와서 신뢰하지 않는다는 답변을 많이 듣습니다.

MBTI 검사는 칼 융의 심리 유형론을 바탕으로 이사벨 브릭스 마이어스와 캐서린 쿡 브릭스, 피터 마이어스까지 3대에 걸쳐 70년 동안 연구 개발된 성격유형 검사입니다. 융의 심리 유형론에 따르면, 선호 경향이란 선천적으로 인간에게 잠재된 경향성을 말합니다.

예를 들어 사람은 오른손과 왼손을 다 쓸 수 있지만 오른손잡이는 오른손을, 왼손잡이는 왼손을 주로 사용합니다. 사람은 무의식적으로 자신이 편한 쪽을 먼저 사용하려는 경향이 있고, 그럴 때 빠르고 편안하게 처리할 수 있습니다. MBTI 검사는 두 가지 반대되는 경향 중 어떤 것을 주로 사용하는가를 알아보는 검사입니다. 따라서 MBTI 공식 검사 종류를 통해 기본적인 성향뿐 아니라 업무할 때 달라지는 성향도 파악할 수 있습니다.

일할 때는 J, 생활 속에서는 P: '어떤 유형이 맞을까?'

MBTI는 16가지 유형으로 나뉘어 있지만, 모든 사람에게는 E(외향)−I(내향), S(감각)−N(직관), T(사고)−F(감정), J(판단)−P(인식) 각각의 선호 경향이 존재합니다. 강의 현장에서 자주 나오는 질문 중 하나는 성향이 상황에 따라 바뀌는 점에 관한 내용입니다. 예를 들어 한 사람이 일할 때는 철저히 J 성향으로 살아가지만 개인적인 생활에서는 P 성향으로 살아간다고 할 때, 이는 어떤 유형으로 봐야 할까요?

MBTI는 가장 편안한 성향을 체크하는 검사입니다. 개인적으로 가장 편안한 상태가 P 성향이라면 일할 때의 J 성향은 의식적으로 노력하여 만들어진 성향이라고 볼 수 있습니다. 간극이 클수록 스트레스는 더 커질 수 있습니다. 본인이 P 성향으로 지낼 때 가장 편안한 데 반해 일을 꼼꼼히 계획적으로 처리하기 위해 J 성향으로 지내려고 애쓴다면 일할 때 긴장 상태나 스트레스 지수는 높아질 수밖에 없습니다.

MBTI를 이해할 때 중요한 점은 나의 성향이 맞고 틀림이 아니라 한 인간이 가진 고유한 점이 무엇인지 찾는 과정입니다. 자기와 타인의 '다양성(Diversity)'을 존중하는 마음가짐이 중요합니다. MBTI는 나의 무의식적인 선호 경향을 명확히 알아보고 타인과의 다름을 이해할 수 있는 도구입니다.
16가지 유형으로 분류해 놓은 MBTI를 이해할 때 가장 중요한 점은 나의 성향이 맞고 틀렸다는 것이 아니라 한 인간이 가진 고유한 점이 무엇인지 찾는 과정입니다. 이는 자기와 타인의 '다양성(diversity)'을 존중하는 마음가짐이 중요하다는 것을 강조합니다.

진짜 나를 찾아라!: 페르소나와 선호 경향

대부분 사람은 자기 모습 안에 다양한 페르소나를 갖고 살아갑니다. MBTI는 선천적 선호 경향을 알아보는 검사이지만, 우리가 태어나고 자라나는 과정에서 환경이나 상황에 의해 또 다른 페르소나가 형성됩니다. 예를 들어, I 성향이지만 회사에서 팀장이라는 직책 때문에 E 성향이 되는 사람도 있고, 사적인 만남에서는 E 성향이지만 회사에서는 I 성향으로 살아가는 사람도 많습니다. 중요한 점은 실제 나의 선호를 깨닫고 변화에 적응하는 것과 실제 나의 선호를 모르고 변화에 적응하는 것은 큰 차이가 있다는 것입니다.

특히 조직의 리더들이 실제 나의 선호 경향을 먼저 이해하기보다 어쩌다 보니 리더가 되었고, 상황에 적응하며 살아가다 보니 자신의 무의식적인 선호 경향을 모르는 경우가 많습니다. 일상에서 편안히 느끼는 성향과 업무할 때 성향이 반대라면 특히 갈등 상황에서 무의식적인 자신의 선호 경향과 충돌하는 때도 자주 일어납니다.

일반적이고 의식적으로 만들어진 성향은 일이 잘되거나 관계가 편안할 때는 드러나지 않지만 갈등 상황에서 극단적인 모습으로 나타나기 때문입니다.

가령, 무의식적인 성향은 T(사고) 성향이지만 의식적으로 업무 상황에서

F(감정) 성향으로 바뀌는 사람이 있습니다. 주로 서비스업에 종사하는 분들이 이런 성향을 가지고 있습니다. 이런 분들은 조직에서 인간관계 또는 고객과의 갈등이 일어났을 때, 의식적으로 노력하는 F 성향보다 T 성향이 무의식적으로 발현될 수 있습니다. 이를 참고하여 조금 더 구체적이고 정확히 자신의 성향을 이해할 수 있습니다.

이렇듯 내가 나를 알고 가면을 착용했을 때와 나를 모르고 가면을 쓰고 있을 때는 전혀 다른 양상의 나로서 살아갈 수 있다는 것을 기억해야 합니다.

따라서 단순히 MBTI 유형을 알고 나와 타인이 무엇이 다른지 비교하기 전에, 먼저 알아야 할 점이 바로 내 안의 다양한 페르소나를 알고 선호 경향을 이해하는 과정이 꼭 필요합니다.

1. 나는 일할 때와 일상에서의 성향이 무엇이 다르게 느껴지나요?

평소 내가 편안하게 느끼는 성향과 업무 상황에서 요구되는 성향을 비교해 보세요. 내가 평소에 자연스럽게 행동하는 방식과 직장에서 의식적으로 노력해서 만드는 행동 방식이 무엇이 다른지 생각해 보고, 그 차이가 나에게 어떤 영향을 미치는지 생각해 보세요.

2. 갈등 상황에서 나의 진짜 성향은 무엇인가요?

직장이나 개인적인 관계에서 갈등이 발생할 때, 내가 무의식적으로 취하게 되는 행동이나 반응은 무엇인지 떠올려보세요. 내가 평소에 의식적으로 유지하는 성향이 갈등 상황에서도 동일하게 나타나는지, 아니면 무의식적인 본래 성향이 드러나는지 살펴보세요.

3. 나의 다양한 페르소나를 어떻게 이해하고 있나요?

나의 다양한 역할(직장인, 친구, 가족 등)에서 드러나는 페르소나를 하나씩 적어보고, 각각의 역할에서 어떤 성향이 주로 나타나는지 분석해 보세요. 이 과정에서 내 안의 다양한 페르소나가 어떻게 공존하는지 이해하고 나의 진짜 선호 경향을 더 잘 알아가는 계기로 삼아보세요.

2)

MBTI를 제대로 알아야 하는 이유

MBTI 강의를 시작하며 항상 묻는 말 중 하나는 'MBTI에 대한 신뢰도'입니다. 20대부터 60대까지 다양한 분들이 강의에 참여하지만, 유행만큼 관심이 높지는 않습니다. 많은 이들이 MBTI를 신뢰하기 어려운 이유로 '검사할 때마다 결과가 다르게 나와서', '나의 다양한 모습을 한 가지 유형으로 정하는 게 맞지 않아서' 등의 이유를 말합니다. 이는 당연히 그럴 만한 이유가 있습니다.

온라인 무료 검사는 누구나 쉽게 접근할 수 있고 간편하게 자신의 성격유형을 알아볼 수 있는 장점이 있습니다. 하지만 이러한 검사들은 일반적으로 신뢰도와 정확도에서 한계를 보입니다. 대부분의 무료 검사는 과학적 검증을 충분히 거치지 않았기 때문에 결과가 일관성이 없거나 정확하지 않을 수 있습니다. 이는 개인이 자신의 성격유형을 잘못 이해하게 만들고, 잘못된 자기 인식을 초래할 수 있습니다.

반면, 공식 MBTI 검사는 심리학적 연구와 체계적인 검증 과정을 통해 개발되었습니다.
공식 검사는 신뢰성과 타당성이 높으며 개인의 성격 특성을 정확하게 평가할 수 있습니다. 이 검사는 마이어스–브릭스 유형 지표 신탁 기관(Myers–Briggs Type Indicator® Trust) 및 한국 MBTI 연구소에서 관리하고 있으며, 지속해서 업데이트되고 검증됩니다. 따라서 공식 검사를 통해 얻은 결과는 개인의 성격을 더욱 정확하게 이해하고, 이를 기반으로 자기 발전과 대인 관계 개선에 유용하게 활용할 수 있습니다.

예를 들어 온라인 무료 검사를 통해 자신의 성격유형을 잘못 이해한 A사의 차장님 사례를 살펴보겠습니다. 차장님은 무료 검사를 통해 자신이 외향적이고, 사교적이며 타인의 이야기에 늘 경청하고 공감을 잘해주는 ESFJ 유형이라고 알고 있었습니다. 그러나 공식 검사 결과는 ISTJ 유형이 나왔습니다. 처음에는 이해가 안 된다며 오히려 공식 검사를 신뢰하기 어렵다고 하셨습니다. 특히 본인은 타인의 이야기에 공감을 잘한다고 생각했는데 F가 아닌 T가 나와 이해하기 어렵다고 질문하셨습니다. 하지만 강의를 듣고 나서 실제로는 무의식적으로 편안하게 느끼는 성향은 내향적이고, 모든 상황에서 이성적이고 객관적으로 판단하려고 노력하는 편이라고 말씀하셨습니다. 더구나 리더 역할을 맡으며 다양한 상황을 마주할 때 쉽게 말로 옮기기보다 한 번 더 생각하고 말하려고 의식적으로 노력했다는 것을 알게 된 것이죠. 주변 사람들에게 '차장님과 함께 일하면 믿을 수 있고 든든합니다.'라는 말을 자주 들은 경험을 떠올리며 자기 이해 과정을 갖게 되었습니다.

이렇게 잘못된 자기 인식으로 인해 차장님은 무의식적인 선호 경향보다 조직 내 리더 역할을 잘 해내기 위해 타인에게 더 적극적이고 희생하면서까지 관계를 유지하려고 노력했습니다. 최근에는 극심한 스트레스와 번아웃을 겪으며 인간관계가 너무 힘들었다고 하셨습니다. 이러한 상황은 비단 차장님께만 일어나는 일이 아닙니다.

강의나 코칭을 통해 만나는 많은 성인은 자신이 해야만 하는 일, 함께 일하는 사람, 가족의 영향으로 타인에게 맞추거나 업무 특성상 의무적으로 보이는 성향으로 맞춰가는 경우가 많습니다. 따라서 의식적으로 만들어진 성향인지, 어린 시절부터 어떤 영향으로 지금의 성향이 나타났는지에 대해 제대로 된 공식 검사와 전문가의 디브리핑 과정이 중요합니다.

MBTI 검사를 마친 후 전문가의 디브리핑을 듣는 것은 검사 결과를 단순히 혼자 읽어보는 것과 큰 차이가 있습니다. 전문가의 디브리핑은 검사 결과를 상세히 해석하고, 개인의 성격유형에 대한 심도 있는 이해를 돕습니다. MBTI는 다양한 목적과 대상에 맞춘 여러 가지 버전을 제공합니다. 각각의 검사는 특정한 목표와 상황에 맞게 설계되어 개인의 성격을 다각도로 분석할 수 있습니다.

MBTI 공식 검사는 어린이, 청소년기 아이들을 위한 CATi, 고등학생용 공식 검사, Form M(기본형), Form M(조직용), Form Q(심화형) 등 다양한 종류로 나뉩니다.

특히 어린이와 청소년기 아이들은 성장기 시기이므로 가족, 친구의 영향은 물론 진로 방향에 따라 달라질 수 있습니다. 따라서 결과를 맹신하거나 이분법적으로 생각하는 것은 오히려 자기 이해에 독이 될 수 있습니다. 요즘 청소년기 아이들이 MBTI에 대해 관심이 많고 가족이나 친구의 성격을 이해할 때도 MBTI로 쉽게 소통하기도 합니다. 그러나 부모님은 MBTI에 관한 관심이 없거나 정확히 어떤 것인지 모를 경우, 아이가 잘못 이해하는 점을 짚어주기 어려울 때가 있습니다. 따라서 자녀를 둔 부모와 MZ세대들과 함께 일하는 기성세대분들이 먼저 정확한 진단을 통해 자신의 선호 경향을 명확히 파악하고, 이를 바탕으로 효과적인 소통법을 이해하는 것이 중요합니다.

 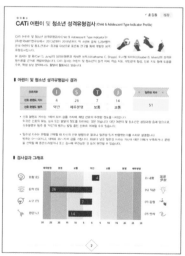

<CATi 어린이 및 청소년 성격유형 검사(Child & Adolescent Type Indicator)>
(출처: 어세스타)

〈CATi 어린이 및 청소년 성격유형 검사(Child & Adolescent Type Indicator)〉는 ㈜한국 MBTI 연구소에서 한국 어린이 및 청소년(초등 4학년 ~중등)을 대상으로 표준화 연구를 통해 개발한 검사입니다. 칼 융의 심리 유형론과 캐서린 브릭스, 이사벨 마이어스의 성격유형 이론을 근거로 개발 하였으며, 어린이와 청소년의 성격 이해, 학습 지도, 대인 관계 형성, 진로 지도 등에 도움을 주고, 학생 상담 분야에서도 활용할 수 있습니다.

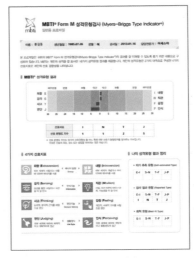

<MBTI® Form M 검사>
(출처: 어세스타)

〈MBTI® Form M 검사〉는 현재 일반인들에게 가장 널리 활용되고 있습 니다.

두 개의 태도 지표(E(외향)–I(내향), J(판단)–P(인식))와 두 개의 심리 기 능 지표(S(감각)–N(직관), T(사고)–F(감정))에 대한 개인의 선호도를 밝혀

서 4개의 선호 문자로 구성된 개인의 성격유형을 알려줍니다. 결과적으로
개인은 16가지 성격유형 중 한 유형에 속하게 됩니다.

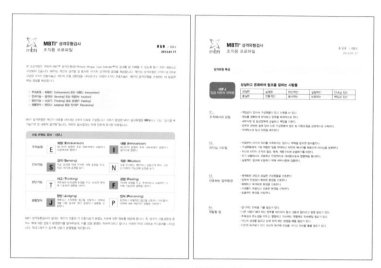

<MBTI® Form M(조직용) 검사>

(출처: 어세스타)

〈MBTI® Form M(조직용) 검사〉는 두 개의 태도 지표(E(외향)−I(내향),
J(판단)−P(인식))와 두 개의 심리 기능 지표(S(감각)−N(직관), T(사고)−
F(감정))에 대한 개인의 선호도를 바탕으로 '**업무 상황에서 개인의 성격유
형**'을 알려줍니다. 조직 구성원의 강점, 리더십 스타일, 선호하는 업무 환
경, 개발할 점이 분석된 성격유형을 파악할 수 있습니다.

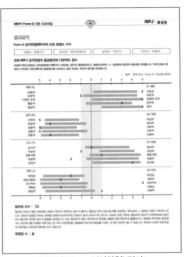

<MBTI® Form Q(심화형) 검사>

(출처: 어세스타)

<MBTI® Form Q(심화형) 검사>는 4개의 양극 지표뿐만 아니라, 20개의 하위척도를 파악할 수 있습니다. **자신의 유형에 대한 불확실성, 특히 선호가 분명하지 않은 것에 대한 이유를 탐색하는 데 도움이 될 수 있습니다.**

개인의 성격유형을 파악하고자 하는 사람, 같은 유형인데도 서로 다른 개인차를 보이는 사람, 자신의 유형을 찾는 데 부분적으로 어려움이 있는 사람 또는 Form M에서 나온 4개의 선호 지표 점수가 낮은 사람들에게 더욱 구체적인 도움을 줄 수 있도록 수량화된 정보들을 파악할 수 있습니다.

MBTI는 개인과 조직 모두에게 중요한 통찰을 제공할 수 있는 강력한 도구입니다. 이를 올바르게 활용하기 위해서는 공식 MBTI 검사를 통해 정확한 성격 분석을 받고 전문가의 디브리핑을 통해 결과를 심층적으로 이해하는 것이 필수적입니다. 이를 통해 자신과 타인을 더욱 잘 이해하고 더 나은 인간관계와 업무 성과를 달성할 수 있습니다. MBTI를 통해 얻은 통찰은 우리의 삶을 더 풍요롭고 만족스럽게 만들 수 있는 강력한 도구이자 좋은 계기가 될 것입니다.

소통 연습

1. 동료들과의 대화에서 나는 주로 어떤 스타일로 소통하고 있는지, 그리고 그 스타일이 팀의 성과에 어떻게 기여하고 있는지 나의 소통 성향을 분석해 보세요.
자신의 소통 스타일이 팀 내에서 어떻게 인식되고 있는지, 그리고 그것이 팀의 목표 달성에 어떻게 영향을 미치는지 생각해 보세요. 이를 통해 더욱 효과적인 소통 방법을 찾아볼 수 있습니다.

2. 리더로서 내가 내린 결정이 감정적인지, 아니면 이성적인 판단에 기반한 것인지 한번 돌아보세요. 그리고 그 결정이 팀원들에게 어떻게 받아들여졌는지도 확인해 보세요.
자신의 리더십 스타일이 감정 중심인지 이성 중심인지 평가해 보세요. 또한, 그 스타일이 팀원들에게 어떤 영향을 미쳤는지 점검함으로써 더 나은 리더십을 발휘할 방법을 모색해 볼 수 있습니다.

외향인(E) VS 내향인(I)의 갈등과 소통법

외향 팀장 vs 내향 팀원

"강사님, 팀장인 저는 외향(E)이고, 팀원(11명)이 전부 내향(I)이라 회의 시간이 너무 괴롭습니다. 저는 적극적으로 이야기할 수 있도록 편안한 분위기를 만들어주려고 노력하는데 팀원들은 뭐가 불편한지 말을 잘 하지 않네요. 어떻게 하면 팀원들이 적극적으로 참여하는 회의를 할 수 있을까요?"

많은 사람이 MBTI 사분할 지표 중 외향과 내향의 차이점을 잘 알고 있는 것 같지만 서로의 다름을 충분히 이해하고, 그에 맞는 합의점을 찾기란 쉽지 않습니다.

위의 질문을 던진 팀장님은 강의 내내 적극적으로 참여하며 어떻게 하면 팀원을 조금이라도 이해하고 팀워크를 형성해 볼까 고민하시는 모습이 역력했습니다. 객관적으로 분석된 성향의 다른 점을 모르다 보니 리더도 팀 구성원도 갈등이 깊어진 상황이었죠. 워크숍을 통해 팀장과 팀원의 구체적인 다른 점을 깨닫고 서로를 제대로 이해하게 되었다는 소감을 전해주셨습니다.

외향과 내향: '에너지 방향'의 이해

MBTI를 주제로 한 강의에서 많이 다루는 내용 중 하나는 외향과 내향의 성향을 나누는 핵심이 '에너지 방향'이라는 점입니다. 하지만 조직에서 이 차이를 어떻게 이해하고 적용해야 할지는 여전히 어려운 부분입니다.

E(외향)는 에너지의 방향과 주의 초점이 외부로 향합니다. 이들은 적극적이고 활달하면서 열정적인 모습을 보입니다. 그러다 보니 자신의 감정이나 생각을 말이나 행동으로 잘 표현하고, 타인에게 전달하는 것을 선호하는 성향이 뚜렷한 편입니다. 이렇게 적극적인 태도는 타인과의 교류를 잘할 수 있기도 하지만 반대인 내향과 소통할 때는 상대방의 반응속도가 나와 다르다는 점을 기억해야 합니다.

I(내향)는 외향과 반대로 에너지 방향이 자신의 내부로 향합니다. 타인과 소통하는 것을 싫어한다기보다 무의식적인 선호 경향이 자신만의 공간에서 조용하고 신중히 생각하고 정리하는 시간이 필요합니다. 다수가 모이는 곳에서 주목받는 발표를 하거나 의견을 표현하며 집중 받는 것을 불편해하는 성향이 있습니다. 따라서 회의나 공식적인 자리보다는 일대일 대화 방식을 선호하며, 대인 관계에서도 소수의 사람과 깊은 친분을 유지하는 것을 좋아합니다.

위에서 질문하신 팀장님의 고민은 어쩌면 당연할 수 있습니다. 팀의 리더만 외향이고, 팀원 모두가 내향이라면 소통해야 하는 많은 상황이 어렵고 힘들어질 수 있습니다. **외향과 내향의 가장 뚜렷한 차이는 에너지 방향에 따른 '속도'의 차이입니다.**

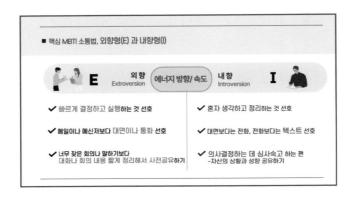

회의 모습을 상상해 볼까요?

하나의 안건에 대해 회의를 시작하면 적막을 참지 못하고 먼저 이야기를 시작하는 성향은 주로 외향인 경우가 많습니다. 팀장님은 리더로서 회의를 진행하는 입장이니 외향의 성향이 더 두드러지게 나타날 수 있습니다. 주제를 말하고 의견이 없으면 자신이 먼저 말하며 다른 사람도 돌아가며 이야기 나누길 바랍니다. 그러나 회의 분위기가 팀원들 때문이라고 느끼면 더 답답함을 느낄 수 있습니다.

외향과 내향: '속도'의 이해

E(외향)의 태도는 전반적으로 적극적이고 활달하며 열정적인 성향이 뚜렷합니다. 말과 행동, 의사결정과 문제 해결 방식이 내향인보다 빠른 편이죠. 반면, 내향인의 태도는 조용하고 신중하며, 에너지가 내부로 향해 외향인보다 시간이 더 필요합니다. 답변이나 문제 해결 과정에서 생각할 시간이 필요하므로 느리게 보일 수 있지만 이러한 신중함이 강점으로 발휘되기도 합니다.

I(내향)는 자신의 감정이나 상황을 표현하지 않으면 상대방이 오해할 수 있다는 점을 염두에 두어야 합니다. 반대로 외향인은 내향인의 반응속도를 이해하고, 그들에게 생각할 시간을 주는 것이 중요합니다. 소통의 어려움을 해결하기 위해 서로의 성향을 존중하며, 적절한 소통 방법을 조정하는 것이 중요합니다.

소통 연습

1. 회의 중 의견이 잘 나오지 않을 때, 서로 다른 성향의 구성원이 조화로운 소통을 하기 위해 어떤 방법을 시도해 보면 좋을까요?

2. 팀원과의 대화에서 서로의 에너지 방향이 다르다는 것을 인식한 적이 있나요? 그때 나는 어떤 생각이 먼저 떠올랐나요?

3. 외향과 내향의 팀원 모두 만족할 수 있는 회식 방법은 무엇이 있을까요?

감각형(S) VS 직관형(N)의 갈등과 소통법

MBTI를 잘 안다고 생각하지만 강의 현장에서 가장 질문이 많고 이해하기 어려워하는 지표가 S(감각)와 N(직관)의 성향 차이입니다. S와 N은 '새로운 정보를 받아들일 때 주로 사용하는 인지 기능'을 담당합니다.

예를 들어 똑같은 그림이나 상황을 바라볼 때 S 성향은 눈에 보이는 것과 자신이 경험한 내용을 바탕으로 이해하고 생각합니다. 반면 N 성향은 눈에 보이지 않는 이면의 가치나 새로운 아이디어에 관심을 두고 미래의 현상에 대해 상상하는 것을 선호합니다.

신제품 기획 미팅: '현실 vs 상상'

뷰티코스메틱 회사의 신제품 기획 미팅 상황에서 S 성향 팀장과 N 성향 팀원의 대화를 예로 들어보겠습니다.

S 팀장: "이번에 우리 팀에서 신상품 프로젝트 기획안을 만들어야 하는데 좋은 아이디어 있는 사람 제안해 보세요."
N 팀원: "그동안 해왔던 방식보다 트렌드를 반영해 디자인이나 제품명

도 새롭게 만들어보는 것은 어떨까요?"

S 팀장: "조금 더 구체적으로 이야기해 주겠어요?"

N 팀원: "음…. 그러니까 최근에 유행하는 영화 속 주인공과 콜라보하여 용기도 바꾸고 색상도 캐릭터와 연계하여 만들어보면 좋을 것 같아요."

S 팀장: "그동안 한 번도 시도해 보지 않은 아이디어라 잘 그려지지 않네요. 혹시 비슷한 타사의 비슷한 컨셉이나 벤치마킹 자료를 분석해서 보고해주시겠어요?"

N 팀원: "아…. 보고서보다 일단 제 머릿속에 떠오른 내용을 바탕으로 기획안을 먼저 만들어보는 건 안 될까요?"

이 짧은 대화에서도 S와 N이 어떻게 다르게 일을 기획하고 풀어가는지 알 수 있습니다.

S 성향 팀장은 구체적이고 풍부한 자료를 먼저 찾아보며, 경험해 보지 않은 것을 상상하는 데 어려움을 겪습니다. 구체적이고 풍부한 자료를 먼저 찾아보고 추구하는 방향과 비슷한 것을 만들어 나가는 것을 선호합니다.

반면, N 성향 팀원은 독창적이고 혁신적인 아이디어를 시도해 보는 것을 선호합니다. 그러다 보니 과거에 해왔던 방식과는 달리 독창적이고 혁신적인 것을 끊임없이 찾고 도전했을 때 보람과 가치를 느끼기도 합니다.

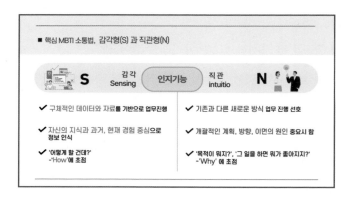

- 핵심 MBTI 소통법, 감각형(S) 과 직관형(N)

S 감각 Sensing 인지기능 직관 intuitio N

✓ 구체적인 데이터와 자료를 기반으로 업무진행

✓ 자신의 지식과 과거, 현재 경험 중심으로 정보 인식

✓ '어떻게 할 건데?' -'How'에 초점

✓ 기존과 다른 새로운 방식 업무 진행 선호

✓ 개괄적인 계획, 방향, 이면의 원인 중요시 함

✓ '목적이 뭐지?', '그 일을 하면 뭐가 좋아지지?' -'Why'에 초점

보고서 vs 기획안: '선호 업무의 차이'

강의 현장에서 '업무 보고서와 새로운 프로젝트 기획안 중 더 선호하는 업무와 그 이유'에 대한 답변만 봐도 S 성향과 N 성향의 차이를 쉽게 알 수 있습니다.

* S(감각)형 선호: 업무 정리 & 보고서 작성 선호
- 이유: '무(無)에서 유(有) 창조는 멘붕과 스트레스', '보고서 완성 시 성취감 만끽'

* N(직관)형 선호: 신박한 프로젝트 기획 선호
- 이유: '과거 정리·반복은 따분함', '내 아이디어를 현실화하는 짜릿한 보람'

S와 N은 심리 지표이기 때문에 잘 보이지 않지만 업무 상황에서 큰 차이를 보입니다. S 성향은 구체적이고 실질적인 접근을 선호하며, N 성향은

추상적이고 미래지향적인 접근을 선호합니다.

조직 구성원의 S와 N의 분포와 성향을 자세히 관찰하면 개인별 업무 역량과 강점, 의사 전달 방법을 쉽게 이해할 수 있습니다. 또한, 업무 분배 시 조직 구성원의 성향과 의견을 반영하여 결정하면, 업무에 대한 만족감과 성취감, 그리고 보람을 느낄 수 있습니다. 이러한 경험들이 쌓이면 개인의 커리어 성장과 함께 오래 일하고 싶은 조직문화를 형성하는 데 큰 도움이 될 것입니다.

소통 연습

1. 팀원이 준비한 기획안이 구체적인 자료 없이 추상적인 아이디어로 가득 차 있을 때, 그 기획안을 더 명확하고 구체적으로 발전시키기 위해 어떤 질문을 던지겠습니까?
반대로, 너무 구체적이기만 한 기획안을 더 혁신적으로 발전시키기 위해 어떤 조언을 할 수 있을까요?

2. 과거의 성공적인 사례나 기존 데이터를 활용해 안전한 선택을 하는 것이 중요한 상황과, 새로운 트렌드나 혁신적인 접근을 시도해야 할 상황을 어떻게 구분하겠습니까?
S형과 N형의 장점을 각각 어떻게 활용할 수 있을지 생각해 보세요.

사고형(T) VS 감정형(F)의 갈등과 소통법

"너 T야?"

한동안 SNS를 뜨겁게 달궜던 유행어입니다.

"나 우울해서 꽃 샀어."라는 말에

"무슨 일 있어? 많이 힘들었구나…." 라고 답하면 F(감정),

"우울한데 왜 꽃을 사?"라고 답하면 T(사고)라는 것입니다.

이 외에도 "무슨 꽃 샀어?", "꽃 사면 기분이 좋아져?", "내 것도 샀어?", "나는 꽃 사도 우울함이 사라지지 않던데…."등 T 성향의 지인에게 각종 '오답'을 들었다는 SNS 인증 글이 다수 올라왔습니다. 상대의 감정에 공감하기보다 사실관계에 관심을 보이는 이들에게 "너 혹시 T야?"라고 묻는 건 이런 맥락에서 나온 것입니다.

T와 F: 문제 해결의 판단 기능

MBTI 지표 중 T와 F는 문제를 해결할 때 가장 많이 사용하는 '판단 기능' 입니다.

T(사고) 성향은 기준이나 원칙, 원인과 솔루션, 논리적이고 객관적인 사실관계를 중요시합니다.

반면 F(감정) 성향은 문제를 해결할 때 중요한 것은 '상대방과의 관계'입니다. 어떤 성향이 옳고 그른 것이 아니라 서로의 다름을 이해하고 인정하는 것이 우선이라는 점을 강조하고 싶습니다.

예를 들어 팀에서 업무를 진행하다가 문제가 일어났을 때, T 성향이 뚜렷한 사람은 사건의 정황과 원인, 해결책을 찾는 것을 먼저 떠올립니다.

반면 F 성향이 뚜렷한 사람은 자신이 아닌 다른 사람에 의해 문제가 발생했더라도 혹시 '나 때문에 그런 건 아닌지', '상대방에게 잘못된 점이나 원인을 묻고 싶은데, 관계가 불편해지지 않을지' 등의 고민이 많아집니다. 머릿속에 늘 자신의 마음과 상대방의 마음을 놓고 어떻게 대처해야 좋을지 고민이 떠나지 않습니다.

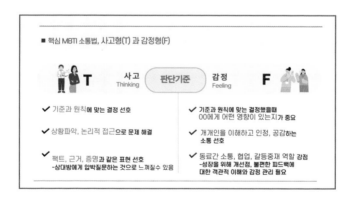

'데이터 vs 감정': 디지털 전략팀의 사례

F 사의 디지털 전략팀은 팀 성향을 분석해 보니 직무와 연관된 성향이 뚜렷하게 반영된 분들이 많았습니다. 조직 내 다양한 데이터를 기반으로 새로운 디지털 마케팅을 위한 기획과 프로세스, 엔지니어링을 담당하는 분들이 많아 여성이 다수임에도 불구하고 T 성향이 압도적으로 많았습니다.

그 가운데 팀장님 한 분이 T 지표 점수가 가장 높은 점수 결과로 나와 팀원들과 과연 어떻게 소통하는지 궁금해졌습니다. 그런데 의외로 이 팀장님은 워크숍 내내 오히려 팀원분들의 뜨거운 지지와 팀워크를 보여주셨습니다. 대문자 T 성향 팀장님만의 소통 노하우가 있었던 것이죠.

이 팀장님은 팀원들을 '호기심'을 갖고 바라봤습니다. '객관적 사고와 공정한 문제 해결 방식'을 통해 팀원들에게 신뢰감과 안정감을 주는 최고의 팀장이라는 평을 받았습니다.

업무 상황에서 T(사고)는 원인과 배경, 분석과 적합한 문제 해결과 같은 기능을 주로 사용하며 더 유리한 성향이라고 생각할 수 있습니다. 반면 F(감정)는 관계에 집중하다 보니 냉철한 판단이 어렵고 감정 조절이 어려워 더 힘들다고 생각할 수도 있습니다. 하지만 성향은 맞고 틀린 것이 아닙니다. 상황에 따라 감정이나 사고를 앞세워야 하는 경우가 다르듯 성향마다 빛을 발하는 때와 장소가 다를 뿐입니다.

T와 F의 소통법

T형 소통법:

- 논리적 해결사! 문제에 집중하며 분석하기 좋아함

- 상황에 강하지만, 감정 캐치는 약할 수 있음

- 공감보다 이유를 찾는 탐정 기질

  소통 TIP 사람에 대한 호기심 키우기! 진심 어린 관심으로 소통 업그레이드

F형 소통법:

- 감정의 공감러! 타인의 마음을 잘 읽음

- 관계 중심의 소통, 갈등 중재자 역할 탁월

- 감정이 앞서 객관적 피드백이 어려울 수 있음

  소통 TIP 감정 관리 스킬 업! 상황을 객관적으로 보고, 해결할 수 있는 부분에 집중해 스트레스 줄이기

MBTI 성향은 무의식적으로 편안하게 느끼는 자신의 선호 경향을 나타냅니다. T 성향과 F 성향의 갈등은 성향보다 의사소통 '능력'과 더 밀접한 관련이 있다고 볼 수 있습니다. 언제, 어떤 말을 해야 하는지 아는 의사소통 능력이 뛰어난 사람은 다른 사람들과 좋은 관계를 맺을 수 있겠죠.

반면 의사소통 능력이 부족하고 표현이 서툴다면, 의도와 다르게 상대에게 상처를 주기 쉽습니다. 평소 가족이나 동료들로부터 '말이 안 통한다.', '섭섭하다.'라는 말을 자주 들었다면, 단지 'T라서'가 아니라 의사소통 능력

이 부족한 것일지 모릅니다.

의사소통 능력은 꾸준한 훈련을 통해 발전할 수 있습니다. MBTI를 활용해 자신의 성향을 이해하고 이를 기반으로 소통 방식을 개선해 보세요. 이렇게 자신과 타인의 차이를 존중하며 소통하는 과정에서 더 깊고 의미 있는 관계를 맺을 수 있을 것입니다.

소통 연습

1. 팀원이 "이번 프로젝트 정말 힘들었어."라고 했을 때, 당신은 어떻게 반응하나요?
왜 힘들었는지 원인을 분석하고 해결책을 제시하는 편인가요, 아니면 먼저 그들의 감정을 이해하고 공감하는 편인가요?

2. 회의 중에 의견 충돌이 생겼을 때, 당신은 어떤 방식으로 대화를 이끌어가나요?
상대방의 의견을 논리적으로 반박하고 문제를 해결하려 하나요, 아니면 서로의 감정을 조율하며 타협점을 찾으려 하나요?

3. 반대 유형과 소통에 어려움을 느낄 때 내가 시도해 볼 수 있는 방법은 무엇이 있을까요?

판단형(J) VS 인식형(P)의 갈등과 소통법

"강사님, 얼마 전까지 아이가 제가 세워놓은 계획대로 잘 따르고 규칙도 잘 지켰는데 언젠가부터 취침 시간도 늦어지고, 학원도 이제는 친구들이랑 놀다가 늦게 가고 싶다고 해요. 저희 아이 사춘기인가요?"

학부모 연수에서 만났던 한 어머니께서 요즘 들어 아이와 대화만 하면 싸우게 된다며 개인 코칭을 의뢰해 주셨습니다. 코칭을 위해 어머니와 아이의 공식 검사를 진행한 결과, 어머니는 J(판단)형, 아이는 P(인식)형으로 나왔습니다. 어머니의 J 지표 점수는 28점, 아이의 P 지표 점수는 25점으로 생활 양식에 있어서 정반대였습니다.

엄마의 엑셀 vs 아이의 자유: '계획과 자유'의 대립

어머니는 아이의 어린 시절부터 계획적이고 규칙적인 생활을 강조했습니다. 일과를 엑셀로 작성해 냉장고 문 앞에 붙여놓고, 아이에게 시간표대로 생활해야 한다고 항상 강조했죠.

아이는 잘 따랐지만, 자아가 뚜렷해지면서 친구들과 자유롭게 시간을 보내고 싶어졌습니다.

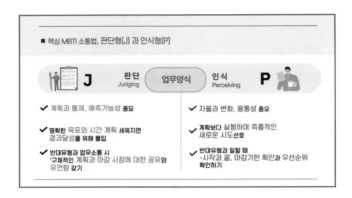

■ 핵심 MBTI 소통법, 판단형(J)과 인식형(P)

J 판단 업무양식 인식 P
Judging Perceiving

✔ 계획과 통제, 예측가능성 **중요**

✔ **명확한** 목표와 시간 계획 세워지면
결과달성을 위해 몰입

✔ **반대유형과 업무소통 시**
'구체적인 계획과 마감 시점에 대한 공유와
유연함 갖기

✔ 자율과 변화, 융통성 **중요**

✔ **계획보다** 실행하며 즉흥적인
새로운 시도선호

✔ **반대유형과 일할 때**
-시작과 끝, 마감기한 확인과 우선순위
확인하기

J 성향의 특징: '예측할 수 있는 세상'

학부모님을 포함하여 대한민국의 성인은 J 성향이 훨씬 많습니다. 업무
뿐 아니라 일상생활 속에서 계획을 세우고 지켜나가는 것이 당연하기도 하
고, 그렇게 해야 한다는 고정관념이 강하다고 볼 수 있습니다.

특히 J 성향은 계획 세우기를 좋아하는 것 같지만 모든 상황에 대해 '예
측 가능'해야 안정감을 느낍니다. 어쩌면 계획도 예측할 수 있는 가장 확실
한 방법이기 때문에 J 성향에겐 플랜A, 플랜B, 플랜C 등의 여러 가지 상황
에 대비하는 모습을 볼 수 있습니다.

또한 되도록 계획한 일들이 변동 없이 진행되기를 바라고 그럴 때 안정
감을 느낍니다. 예측하지 못한 상황이 일어나거나 계획이 틀어지면 극도의
스트레스를 받습니다. 그리고 상대방에게도 그런 감정들이 전달되며 갈등
이 일어나기도 합니다.

P 성향의 특징: '유연한 대응'

반면 P 성향은 계획을 세우긴 하지만 상황에 따라 '즉흥적'으로 바뀔 수 있으며, 예측하지 못한 상황에 빠르게 적응합니다. 요즘처럼 변화가 빠르고 예측하기 어려운 시대에서는 P 성향이 스트레스를 덜 받을 수 있는 성향이기도 하죠.

종종 강의 현장에서 리더분들이 구성원들을 이해하고 유연해지기 위해 의식적으로 P 성향으로 바꾸려고 노력한다고 합니다. 이는 P 성향에 대해 게으르고 일을 미룬다는 오해와 편견이 존재하지만, 그 이면에는 다양한 강점이 있다는 것을 보여줍니다.

J와 P의 상호 이해와 소통법

대한민국 성인의 약 70%가 J 성향이라는 통계를 확인할 수 있습니다. P 성향이 J 성향과 원활히 일하기 위해서는 우선 처리해야 할 업무, 마감 기한, 중간보고 등 현재 진행 상황을 구체적으로 소통하는 것이 좋습니다. 반면, J 성향은 모든 일이 계획대로 되지 않을 수 있다는 유연함과 여유를 갖는 것이 필요합니다. 조직의 업무를 협동하여 잘 해내기 위해서는 J와 P의 상호 이해와 구체적인 소통이 더욱 중요합니다. 타인과의 소통에 앞서 J 성향이 늘 내려놓고 싶지만 쉽지 않다는 고민은 그만큼 자신의 성향에 스트레스를 받고 있다는 증거이기도 합니다.

지금까지 대극에 있는 사분할 지표를 바탕으로 성향의 특징들을 살펴봤습니다. 여기서 기억해야 할 점은 모든 사람의 성향은 한 가지 유형으로만 볼 수 없으며, 네 가지 지표와 함께 그 사람이 살아온 경험을 바탕으로 형성된다는 점입니다. 그렇기에 똑같은 MBTI 유형이 존재할 수 없다는 것을 다시 한번 이해하는 계기가 되었길 바랍니다.

같은 MBTI 유형일지라도 어린 시절 환경과 부모로부터 물려받은 성향, 그리고 성인이 되어 맡게 되는 직무와 직급, 함께 일하는 사람의 영향을 많이 받으며 변할 수 있다는 점도 기억해야 합니다. 자기 이해를 잘하는 사람일수록 타인의 다른 성향도 존중할 수 있고, 타인의 이야기에 귀 기울일 수 있습니다.

MBTI는 맞고 그르다는 관점이 아닌, 내 안의 여러 가지 페르소나를 깊이 이해하고 그만큼 타인의 마음과 인정을 함께할 수 있는 계기가 되길 바랍니다.

소통 연습

1. 내가 상대방과의 대화나 협업에서 '계획'에 너무 집착하거나 상대방의 즉흥적인 행동에 불편함을 느꼈던 적이 있었나요? 만약 그때 다시 돌아간다면, 어떻게 대화나 협업 방식을 조정할 수 있을까요?

2. 팀 내에서 의견 차이가 있을 때, 상대방이 제시하는 유연한 방법(예: 계획에 없던 즉흥적 제안이나 변동)에 대해 내가 가진 생각을 얼마나 명확히 전달하고 있나요? 또한, 상대방의 의견을 열린 마음으로 수용하기 위해 나는 어떤 노력을 할 수 있을까요?

3. 계획이 틀어지거나 예측하지 못한 일이 발생했을 때, 내가 느끼는 스트레스를 줄이기 위해 어떤 마음가짐을 가져야 할까요? 팀원들과 이러한 상황을 효과적으로 해결하기 위해 어떤 대화를 시도해 보면 좋을까요?

8장

조직의 살리는
소통의 힘

"훌륭한 리더는 좋은 코치가 된다.
그들은 지시보다 대화를 통해 구성원의 잠재력을 이끌어낸다."

- 사이먼 사이넥(Simon Sinek)

팀워크: 다양성을 존중할 때 높아지는 업무 만족도

인기 있는 드라마는 단순한 오락을 넘어 사회의 변화를 반영하고 새로운 가치를 전달하는 역할을 합니다. 그중에서도 〈이상한 변호사 우영우〉는 다양성과 포용의 중요성을 자연스럽게 녹여낸 드라마로 많은 이들의 공감과 감동을 자아냈습니다. 주인공 우영우는 자폐 스펙트럼 장애가 있는 변호사로 처음에는 선입견에 갇혀 있던 팀원들이 점차 그의 진정한 능력을 인정하고 존중하게 됩니다. 이 과정에서 리더인 정명석 변호사의 역할이 특히 돋보였습니다. 그는 우영우에게 "너의 방식이 틀린 게 아니라 다를 뿐이야. 난 그 다름이 우리 팀을 더 특별하게 만든다고 믿어."라는 따뜻한 말을 건넵니다. 이처럼 리더가 팀원의 개성을 인정하고 존중할 때 조직은 진정으로 성장할 수 있습니다.

다양성을 존중하는 조직문화, 왜 중요한가?

오늘날의 조직에서는 외국인, 장애인, 다양한 세대와 성별의 구성원들이 함께 일하는 것이 자연스러워졌습니다. 과거에는 이런 모습이 드물었지만 이제는 다양한 배경을 가진 이들의 목소리를 듣고 존중하는 문화가 자리 잡고 있습니다. 이런 변화는 단순한 트렌드가 아니라 조직의 성과를 높이기 위한 필수적인 요소로 인식되고 있습니다.

'구글(Google)'의 사례는 이 점을 잘 보여줍니다. 구글은 전 세계 50개국에서 2,000명이 넘는 연구팀을 운영하고 있습니다. 성 소수자, 다양한 인종, 장애인 등의 사용자가 제품과 서비스를 이용할 때 겪는 불편함을 파악하고 해결하기 위해 노력하고 있습니다. 예를 들어 구글은 성 소수자를 위한 맞춤형 광고 캠페인을 개발하고, 다양한 언어와 문화적 배경을 반영한 사용자 인터페이스를 설계하는 등 차별화된 서비스를 제공합니다. 이러한 다양성 존중 노력이 구글의 혁신과 수익성에 크게 기여하고 있다는 점은 이미 여러 데이터로 증명되었습니다. 실제로 구글은 2022년에만 이러한 다양성 연구를 통해 10억 달러 이상의 수익을 창출한 바 있습니다.

국내에서도 다양성과 포용을 중요하게 여기는 기업들이 늘어나고 있습니다.

'유한킴벌리'가 그 대표적인 사례입니다. 1990년대 초반부터 유연근무제와 평생학습 시스템을 도입한 유한킴벌리는 다양한 가족 친화 제도를 운용하며 직원들의 삶의 질을 높이는 데 주력해 왔습니다. 2011년에는 다양성 최고 책임자를 임명하여 다문화 가정과 장애인을 위한 다양한 프로그램을 개발하고 지원해 왔습니다. 예를 들어 다언어 초경 가이드북 제공, 시각장애인을 위한 점자 적용 생리대 개발 등은 모두 사회적 약자를 배려한 혁신적 제품을 통해 알 수 있죠. 이러한 노력은 단순히 CSR(기업의 사회적 책임)을 넘어 유한킴벌리의 비즈니스 성과에도 긍정적인 영향을 미치고 있습니다.

서로 다른 목소리가 모일 때, 조직은 더 강해진다

다양성과 포용은 이제 선택이 아닌 필수입니다. 이는 조직 내에서 단순히 의무적으로 추진해야 하는 과제가 아니라 구성원의 일상에 자연스럽게 스며들어야 하는 가치입니다. 이런 문화가 자리 잡을 때 조직 구성원은 자기 일에 대한 자부심과 만족감을 느끼며 팀워크와 공동체 의식도 더욱 강화될 것입니다.

개인적인 저의 경험으로 20여 년 전 영국 면세점에서 워킹 홀리데이를 하던 시절이 떠오릅니다. 당시 팀에서 유일한 동양인이었던 저는 언어와 문화적 차이로 어려움을 겪었지만 한 매니저님의 따뜻한 관심 덕분에 잘 적응할 수 있었습니다. 그분은 저에게 "모든 사람이 처음엔 낯설고 두렵지만, 네가 이곳에 있는 이유는 너만의 특별함 때문이야. 그걸 잊지 마."라고 격려해 주셨습니다. 이 한마디가 저에게 얼마나 큰 힘이 되었는지 모릅니다. 이처럼 한 사람의 존중과 배려가 한 사람의 인생에 큰 영향을 미칠 수 있습니다.

결국 함께 일하는 팀원들이 서로를 어떻게 바라보고 존중하느냐에 따라 개인의 삶뿐만 아니라 조직의 성장과 성공이 달려 있습니다. 상호 존중과 포용, 신뢰는 눈에 보이지 않지만 그 영향력은 매우 큽니다. 우리가 다름을 인정하고 존중하는 문화를 만들어 갈 때, 조직은 더욱 건강하고 강한 공동체로 성장하게 될 것입니다.

소통 연습

1. 새로운 팀원이 합류했을 때 그들의 배경과 경험을 얼마나 이해하려고 노력했나요?
예를 들어 다른 문화적 배경을 가진 동료가 새로 합류했을 때, 나는 그들의 관점과 경험을 알아가고 존중하기 위해 어떤 노력을 했는지 생각해 보세요. 그들이 팀에 잘 적응할 수 있도록 어떻게 지원했나요?

2. 최근 내가 한 말이나 행동 중에 팀원들이 자신을 존중받고 있다고 느꼈을 만한 순간이 있었나요?
작은 말이나 행동이 동료들에게 큰 힘이 될 수 있습니다. 내가 의도한 메시지가 긍정적으로 전달되었는지 생각해 보고 더 나은 소통을 위해 어떻게 행동할 수 있을지 고민해 보세요.

3. 팀의 목표를 달성하는 과정에서 서로 다른 시각이 어떻게 도움이 되었는지 기억나는 순간이 있나요?
구글이 다양한 사용자들의 의견을 반영해 성공을 이뤘듯이 우리 팀의 목표를 이루는 데 다양한 관점이 어떤 역할을 했는지 떠올려보고, 앞으로 어떻게 더 잘 활용할 수 있을지 생각해 보세요.

관계 개선: 스킬보다 태도가
중요한 좋은 관계 유지하는 법

직장에서의 성공은 단지 능력이나 성과에만 달린 것이 아닙니다. 오히려 좋은 관계를 유지하는 것이 일잘러라는 의미에서 중요하게 판단하는 요소 중 하나입니다. 실제로 한 통계 조사 결과를 보면 직장인의 81%가 회사를 떠나는 이유는 일이 아닌 '사람과의 관계' 때문이라고 합니다. 그만큼 일을 잘하는 것보다 좋은 관계를 유지하는 것이 얼마나 어렵고 큰 영향을 미치는지 알 수 있습니다. 관계를 잘 유지한다는 것은 단순한 소통 스킬이 아니라 태도에 달린 문제이기 때문에 더욱 어렵게 느낄 수 있습니다.

배우 차승원은 연예계에서 오랜 시간 동안 롱런할 수 있었던 비결로 4가지 경쟁력 요소를 강조했습니다.

1. 경쟁력 있는 실력
2. 경쟁력 있는 가격
3. 경쟁력 있는 성품
4. 경쟁력 있는 외형

그는 연예계에서 살아남기 위해 이 네 가지 요소가 모두 100점 만점이라면 50점 이상이어야 한다고 말했습니다. 이 중에서도 특히 중요한 것은 '경쟁력 있는 성품'을 강조합니다. 아무리 실력이 뛰어나도 성품이 부족하다면 그 성공은 오래가지 못한다는 의미입니다.

'경쟁력 있는 실력'과 '경쟁력 있는 성품'이 결합한 경우가 가장 이상적이겠죠. 반대로 실력은 있지만 성품이 부족한 경우, 그 사람의 진짜 모습이 결국 드러나고 이는 결국 실패로 이어진다고 말합니다.

차승원 배우가 강조한 올바른 성품과 태도의 중요성은 연예계뿐만 아니라 조직에서도 동일하게 적용됩니다. 그렇다면, 어떻게 좋은 관계를 유지하며 일도 잘하는 구성원이 될 수 있을까요? 18년간 원활한 조직 소통법에 대해 강의와 코칭을 진행하며 깨닫게 된 일잘러의 좋은 관계를 형성하기 위한 세 가지 핵심 비법을 소개해 드리겠습니다.

조직에서 인싸로 인정받는 일잘러의 핵심 관계 능력 3가지

첫 번째, 관계의 기초가 되는 '체력'

몸과 마음은 서로 깊이 연결되어 있습니다. 건강한 몸은 건강한 마음을 유지하는 데 필수적이며, 이는 직장에서의 관계에도 큰 영향을 미칩니다. 규칙적인 운동, 충분한 수면, 균형 잡힌 식사를 통해 몸을 건강하게 유지하는 것이 중요합니다. 이러한 기본적인 관리가 이루어져야 업무에 몰입할 수 있으며, 자연스럽게 좋은 관계를 형성할 수 있습니다. 건강한 몸은 모든 관계의 기초를 형성하며, 이를 통해 더 나은 소통과 협력을 가능하게 합니다.

두 번째, 회복탄력성을 높이는 '마음력'

건강한 관계를 위해서는 마음 관리도 중요합니다. 직장에서의 관계가 불편하면 마음이 지치고, 이는 결국 몸에도 영향을 미칩니다. 따라서 마음을 관리하기 위한 나만의 리추얼 습관을 만드는 것이 필요합니다. 예를 들어 저는 차 안에서 마음을 가다듬는 시간을 가집니다. 강의 전후 긴장을 풀기도 하고, 때로는 자신을 위로하며 마음의 여유를 찾는 공간입니다. 차 안에서 갖는 저의 마음 관리 습관은 위기 상황에서 회복탄력성을 높이고, 스트레스 상황에서도 긍정적인 태도를 유지할 수 있게 도와줍니다.

세 번째, 갈등을 예방하는 '표현력'

구성원 간 소통이 잘 되는 조직은 갈등을 최소화하고 더 나은 성과를 끌어낼 수 있습니다. 최근 한 조직 소통 워크숍에서 '구성원 간 소통이 잘 되는 핵심 비결'을 주제로 팀 코칭을 진행했습니다. 다양한 의견이 나왔지만 가장 많은 공감을 얻은 의견은 '기분이 태도가 되지 않게 하는 것'과 함께 '적극적인 표현을 통해 오해를 피하는 것'이었습니다.

영업 조직에서 매니저로 일할 때의 사례입니다. 팀원 중 10년간 일해온 선배는 기분이 나쁜 날마다 부정적인 말을 습관처럼 내뱉곤 했습니다. "오늘 일 정말 하기 싫다.", "아~ 또 캠페인이야? 이놈의 회사는 맨날 실적 내라고 끝없이 압박하네!" 같은 말을 반복적으로 했죠. 이러한 부정적인 말 습관은 팀 전체의 분위기를 가라앉히고 다른 팀원들까지 부정적인 감정을 느끼게 했습니다. 이런 태도는 팀원 간의 협력은 줄어들고 성과도 점차 낮아졌습니다. 그 당시 리더인 저에게 가장 소통하기 어렵고 힘들었던 팀원이었습니다. 많은 고민 끝에 제가 찾은 해결책은 저의 마음과 생각을 선배에게 예의 바른 태도로 표현하는 것이었습니다.

"선배님, 요즘 일하기 정말 힘드시죠? 분기마다 회사에서 요구하는 실적 압박도 있어 더 부담스럽게 느껴지셨을 거에요. 그런데 제가 팀을 운영하는 매니저로서 팀 미팅 시간에 힘든 표현을 하시니 저도 힘이 많이 빠지더라고요. 혹시 선배님께서 일하기 싫다라고 말씀하셨는데 그게 어떤 의미일까요?", "요즘 마음은 어떠세요?"라는 질문으로 제 생각과 감정을 공손하게 표현했습니다. 이렇게 표현하기까지 연습까지 하며 과연 좋은 방법일까 고민도 많았지만, 결과적으로 그 선배의 태도가 서서히 바뀌며 저를 응원해 주는 지원군이 될 수 있었습니다.

태도와 관계가 성공을 만든다

좋은 관계는 직장에서 성공적으로 일하기 위해 필수 조건입니다. 마음이 불편하면 그 어떤 일도 제대로 해낼 수 없습니다. 좋은 관계를 유지하려면 체력, 마음력, 표현력이라는 세 가지 요소를 잘 관리해야 합니다. 이들은 각각 독립적인 요소이기도 하지만 서로 밀접하게 연결되어 있습니다. 앞서 말씀드린 저의 사례와 같이 자신만의 노하우를 만들어 꾸준히 실천한다면 자연스럽게 좋은 관계가 형성되고 이는 업무 성과에도 긍정적인 영향을 미칠 것입니다.

조직에서의 성공은 단지 스킬이나 능력에 의해서만 결정되는 것이 아닙니다. 좋은 태도, 즉 건강한 체력과 마음, 그리고 적절한 표현력이 결국 성공을 좌우하는 중요한 요소입니다. 이를 통해 조직 내에서 건강한 관계를 형성하고 더 나아가 성공적인 커리어를 이어 나갈 수 있습니다.

소통 연습

1. 내 몸과 마음의 상태는 어떤가요?

최근에 충분히 자고, 규칙적으로 운동하며, 균형 잡힌 식사를 하고 있는지 점검해 보세요. 건강한 몸과 마음이 업무에 어떻게 영향을 미치는지 생각해 보고, 필요한 부분을 개선할 수 있는 방법을 찾아보세요.

2. 나만의 마음 관리 습관이 있나요?

업무 중 또는 퇴근 후에 스트레스를 해소하고 마음의 여유를 찾기 위한 나만의 리추얼이 있는지 생각해 보세요. 없다면, 오늘부터라도 작은 습관을 만들어보세요. 차 안에서 조용히 시간을 보내거나, 산책하거나, 명상하는 것처럼 간단한 방법을 시도해 보세요.

3. 내가 표현하지 못한 감정이나 생각이 있나요?

최근에 동료나 상사와의 소통에서 내가 표현하지 못한 감정이나 생각이 있었는지 떠올려 보세요. 만약 있다면, 그것이 갈등이나 오해로 이어졌는지 생각해 보고, 어떻게 공손하면서도 명확하게 내 생각을 표현할 수 있을지 계획해 보세요.

조직문화: 함께 일하고 싶은 조직은 언어부터 다르다

요즘 인사팀의 명칭을 보면 그 조직의 문화를 엿볼 수 있습니다. '피플팀', '피플앤컬쳐팀', '탤런트팀' 등으로 불리는 명칭들은 단순한 변화 이상의 의미를 담고 있습니다. 예를 들어 지난해 삼성전자는 인사부서 명칭을 '피플팀'으로 변경했습니다. 이는 삼성의 창립 이래 처음 있는 일이었죠. '인사'라는 단어를 빼고 '피플'을 강조한 것은 사람을 단순한 자원이 아닌, 성장과 발전의 중심으로 바라보겠다는 의지를 나타냅니다. 이는 더 이상 사람을 비용으로 보지 않고 조직의 중심으로 대우하겠다는 메시지를 담고 있습니다.

이러한 변화는 스타트업에서 먼저 시작되었습니다. 우아한 형제들, 토스와 같은 기업들은 이미 오래전부터 '피플팀', '피플앤컬쳐팀'이라는 명칭을 사용해 왔습니다. 특히 우아한 형제들은 '인사팀' 대신 '피플팀'을 만들며 구성원들의 성장을 돕고 그들의 어려움을 해결하는 데 중점을 둔 문화를 조성했습니다. 단순한 평가자가 아닌 직원의 복지와 문화를 최우선으로 생각하는 조직으로 탈바꿈한 것입니다.

언어가 조직문화를 형성한다

부서명이나 호칭의 변화는 단순한 트렌드 이상의 의미를 가집니다. 조직
문화는 구성원이 사용하는 언어에서 시작됩니다. 말의 힘은 강력합니다.
우리가 사용하는 언어는 우리의 사고방식과 행동을 결정짓습니다. 예를 들
어 '인사부'와 '피플팀'이라는 명칭의 차이는 사람을 어떻게 대하고 바라보
는지에 대한 조직의 철학을 담고 있습니다. '인사부'가 주로 관리와 평가에
초점을 맞췄다면, '피플팀'은 사람의 성장과 복지에 더 무게를 둡니다. 이러
한 작은 변화들이 모여 조직의 문화가 되고, 결국 구성원의 일하는 방식을
바꿔나가게 됩니다.

그러나 단순히 부서 명칭이나 호칭을 바꾸는 것만으로는 조직문화가 단
기간에 변하지 않습니다. 한 사람의 언어 습관이 그가 성장한 환경과 영향
을 받은 사람들에 따라 형성되듯 조직문화도 오랜 시간에 걸쳐 형성됩니다.
오랫동안 내재화된 사고방식과 언어를 바꾸는 일은 쉽지 않습니다. 이를 위
해선 강한 동기부여와 지속적인 노력이 필요합니다. 그렇기에 조직의 언어
를 바꾸는 일은 중요한 출발점이지만 그것만으로는 충분하지 않습니다.

조직이 변화를 시도할 때 가장 큰 걸림돌은 구성원들의 저항입니다.
2010년 맥킨지의 조사에 따르면 조직이 변화에 실패하는 가장 큰 원인은
구성원들의 저항(39%)이라고 합니다. 대부분 사람은 무엇이 더 좋은지 알
지만 익숙하고 편안한 것을 선호하기 때문입니다.

몇 해 전 저는 두 기업이 합병한 조직에 리더십 강의를 진행했습니다. 표면적으로는 하나의 조직이었지만 실제로는 두 개의 문화가 공존하고 있었습니다. 한쪽은 수평적 문화를, 다른 한쪽은 위계질서를 중시하는 문화를 가지고 있었습니다. 강의 중 사용하는 단어 하나하나에도 서로 다른 해석과 반응이 나왔습니다. 예를 들어, '협업'이라는 단어에 대해 한쪽은 적극적인 참여를, 다른 한쪽은 상사의 지시를 기다리는 의미를 전했습니다. 이러한 차이로 인해 강의를 진행하는 데에도 많은 어려움을 겪었습니다. 이 경험을 통해 조직문화의 통합이 얼마나 어려운지, 그리고 언어와 문화의 차이가 소통에 얼마나 큰 영향을 미치는지 절실히 느낄 수 있었습니다.

조직문화 변화는 꾸준함이 필요하다

조직문화의 변화는 마치 오랜 습관을 바꾸는 것과 같습니다. 처음에는 작은 변화부터 시작해야 합니다. 부서 명칭을 바꾸고, 호칭을 바꾸며, 구성원들이 새로운 언어에 익숙해지도록 돕는 것이 첫걸음입니다. 그러나 새로운 변화에 대한 구성원들의 저항은 예상과 다를 수 있습니다. 앞서 언급한 합병 조직의 사례처럼 서로 다른 문화와 언어를 가진 사람들이 한 공간에서 일할 때 발생하는 갈등은 피할 수 없습니다.

이러한 저항을 극복하기 위해서는 꾸준한 노력이 필요합니다. 조직의 리더들은 변화의 필요성과 방향성을 지속해서 전달해야 합니다. 또한 구성원들이 새로운 문화를 받아들이고 참여할 수 있도록 다양한 프로그램과 교육을 제공해야 합니다. 처음에는 변화가 더딜 수 있습니다. 그러나 꾸준히 같은 방향으로 나아가다 보면 조직은 결국 새로운 문화를 형성하고, 구성원들도 이를 자연스럽게 받아들일 것입니다.

함께 일하고 싶은 조직을 만들기 위한 소통의 중요성

궁극적으로 조직문화는 구성원 간의 소통에서 비롯됩니다. 말의 힘은 강력하며 그 힘을 긍정적으로 활용할 수 있는 조직이 더 나은 문화를 형성합니다. 소통이 잘 이루어지는 조직은 자연스럽게 구성원들이 일하고 싶은 조직이 됩니다. 우아한 형제들의 '우아한 수다 타임'처럼 구성원들과 경영진이 자유롭게 소통할 수 있는 시간이 정기적으로 마련된다면 구성원들은 조직에 관한 관심과 애정을 갖게 됩니다. 이는 단순한 복지 혜택 이상의 효과를 가져옵니다.

결국 함께 일하고 싶은 조직은 단순한 이름 변경이나 복지 제공으로 만들어지지 않습니다. 그보다 중요한 것은 구성원들의 마음속에 조직의 철학이 자리 잡도록 하는 것입니다. 이를 위해선 조직의 언어와 소통 방식을 꾸준히 개선해 나가는 것이 필수적입니다. 조직의 성공은 사람에게 달려있고, 사람의 성공은 조직문화에 달려 있습니다. 그러므로 함께 일하고 싶은 조직을 만들기 위해선 말과 소통에서부터 변화를 시작해야 합니다. 꾸준한 노력과 시간이 필요하지만, 그 결실은 분명히 가치가 있을 것입니다.

1. 우리 팀에서는 어떤 말이나 표현이 자주 사용되나요?

팀에서 자주 쓰는 말이나 표현이 무엇인지 생각해 보세요. 그 언어가 팀의 분위기와 협업에 어떤 영향을 미치고 있는지, 혹시 개선할 부분이 있다면 어떤 것이 있을지 자신에게 물어보세요.

2. 최근에 조직에서 시도된 변화에 대해 나는 어떤 반응을 보였나요?

최근에 조직에서 추진된 변화나 새로운 시도에 대해 나는 어떻게 반응했는지 돌아보세요. 내가 변화에 대해 느꼈던 감정이나 행동이 무엇이었는지, 그 이유는 무엇인지 생각해 보면서, 앞으로 변화에 더 잘 적응하기 위해 무엇을 할 수 있을지 고민해 보세요.

업무 성과: 탁월한 성과를 내는 조직의 특별한 소통법

그동안 수많은 조직에서 같은 주제로 강의를 진행할 때마다 반응이 모두 다르다는 것을 느낍니다. 어떤 강의는 잊히지 않는 강렬한 인상을 남기지만, 어떤 강의는 그저 평범하게 지나가기도 합니다. 무엇이 이 차이를 만들어낼까요? 바로 '조직의 소통 방식'에 있습니다.

최근 새롭게 결성된 TF팀에서 진행된 강점 워크숍을 통해 그 비밀을 엿볼 수 있었습니다. 3시간에 걸친 워크숍 진행 상황에서 리더가 팀원들의 강점을 꼼꼼히 기록하고, 각자의 강점을 어떻게 프로젝트에서 발휘할 수 있을지 논의하며 아이디어를 제안하는 모습이 인상 깊었습니다. 이 경험을 통해 알게 된 것은 탁월한 성과를 내는 팀은 일반적인 조직과 달리 리더만의 특별한 소통법이 있다는 것을 알게 되었습니다.

이처럼 탁월한 성과를 내는 조직의 소통법에는 세 가지 핵심 요소가 있습니다. 이를 통해 조직이 시너지를 내고, 훌륭한 성과를 창출할 수 있습니다.

1. 개별화된 접근

조직은 다양한 사람들로 구성되어 있습니다. 각기 다른 성격, 사고방식, 문제 해결 방법을 가진 사람들이 모여 하나의 목표를 위해 일하게 됩니다. 이때 중요한 것은 개별 구성원의 차이를 존중하고 이해하는 것입니다. 하지만 이러한 차이들을 무작정 존중하는 것만으로는 조직이 효과적으로 기능하기 어렵습니다. 여기에서 중요한 것이 '그라운드 룰'입니다.

팀 코칭을 진행했던 영업 조직의 사례를 들려드리겠습니다. 이 팀의 구성원들은 각기 다른 경험과 강점을 기반으로 자신만의 니치 마켓을 설정했습니다. 한 팀원은 대기업을 대상으로 한 영업에 강했고, 또 다른 팀원은 중소기업을 타겟으로 한 상담에 능숙했습니다. 이들은 각자의 강점을 살려 개별적으로 성과를 내는 데 주력했지만 팀 전체의 성과를 극대화하기 위해 한 가지 규칙을 도입했습니다. 그 규칙은 바로 매주 월요일 오전은 '커피챗 시간'을 반드시 갖는 것이었습니다.

이 시간 동안 팀원들은 자신의 니치 마켓에서 얻은 경험과 노하우를 자유롭게 공유했습니다. 예를 들어 대기업 영업 담당자는 중소기업을 타겟으로 하는 동료에게 대기업이 주로 요구하는 포인트를 설명합니다. 이를 토대로 중소기업 고객에게도 효과적인 제안을 할 수 있는 방법도 함께 고민하며 더 좋은 아이디어를 얻습니다. 반대로 중소기업 타겟팅에 강한 팀원은 대기업을 상대하는 동료에게 유연한 접근법이나 빠른 대응의 중요성을 강조하며 새로운 전략을 제안하는 것이죠.

이러한 커피챗 시간은 팀원 간의 차이를 인정하면서도 서로의 강점을 통해 시너지를 낼 수 있는 기회를 제공했습니다. 그 결과 팀 전체가 놀라운 성과를 올릴 수 있었으며 팀원들 간의 협력과 소통이 더욱 활발해졌습니다. 이러한 그라운드 룰을 지속해서 활용하며 팀은 목표 달성에 더 가까워졌고, 구성원 개개인은 자신의 영역에서 더욱 탁월한 역량을 발휘하게 되었습니다.

2. 강점에 집중하기

사람마다 잘하는 것과 어려워하는 것이 있습니다. 축구를 예로 들어보겠습니다. 모든 선수가 모든 포지션을 잘 소화할 수는 없습니다. 공격수는 골을 넣는 데에 특화되어 있으며, 수비수는 상대 팀의 공격을 막아내는 데에 강점이 있습니다. 만약 공격수가 수비수의 역할을 맡는다면 팀 전체의 성과는 떨어질 수밖에 없습니다. 따라서 각자의 포지션에서 최고의 역량을 발휘하도록 지원하는 것이 중요합니다.

이와 마찬가지로, 조직 내에서도 각 구성원이 잘하는 업무에 집중할 수 있도록 지원해야 합니다. 예를 들어 한 기획팀에서 특정 직원은 창의적인 광고 캠페인을 기획하는 데 탁월한 능력을 보였고, 다른 직원은 데이터를 분석하고 결과를 도출하는 데 강점을 가졌습니다. 이 팀은 각자의 강점을 극대화할 수 있도록 업무를 배분하고 서로의 강점을 활용해 상호 보완적으로 일했습니다. 그 결과 팀은 짧은 시간 안에 높은 성과를 올릴 수 있었고 구성원들은 자신이 잘하는 분야에서 성취감을 느낄 수 있었습니다. 이처럼 조직에서 강점을 지속해서 발휘하게 되면 개인의 성장은 물론 팀 전체의 성과도 극대화될 수 있습니다.

3. 유연성

오늘날 빠르게 변화하는 환경에서는 유연한 사고와 업무처리 방식이 필수적입니다. 최근 많은 조직에서 도입하고 있는 애자일(Agile) 팀은 이러한 유연성을 대표합니다. 애자일(Agile)은 '빠르게 변화하는 기술과 트렌드에 발맞추어 민첩하게 대응하는 것'을 의미합니다. 하지만 모든 조직이 애자일 방식을 성공적으로 도입하는 것은 아닙니다. 새로운 방식에 대한 두려움이나 기존의 안정적인 방식을 고수하려는 조직문화가 걸림돌이 되기도 합니다.

유연한 사고를 통해 빠르게 변화하는 트렌드에 맞추어 성공을 이룬 기업의 사례가 있습니다. '코닥(Kodak)'의 이야기가 그 대표적인 예입니다. 한때 전 세계 사진 필름 시장을 지배했던 코닥은 디지털 혁신의 흐름에서 어려움을 겪었지만 새로운 시도와 유연한 접근을 통해 새로운 길을 개척했습니다. 코닥은 자신들의 강점을 살려 아예 다른 분야인 패션 산업으로 진출했습니다. 이들은 필름에서 얻은 기술력을 활용해 패션 분야에서 독창적인 제품을 선보였고 그 결과 뜨거운 반응을 얻고 있습니다. 이는 코닥이 실패를 딛고 유연한 사고를 통해 빠르게 변화하는 시장에 적응하며 성공을 거

둔 훌륭한 사례입니다.

이처럼 조직이 실패할 수 있지만 중요한 것은 '**유연한 사고와 빠른 대응능력**'입니다. 코닥의 사례는 변화에 맞춰 새로운 기회를 포착하고 이를 통해 잠재된 성과를 낼 수 있다는 가능성을 보여줍니다. 조직이 유연성을 발휘할 때 예상치 못한 곳에서 큰 성공을 거둘 수 있습니다.

지속적인 성장과 성과를 위한 조직 소통의 중요성

여러분이 속한 조직은 어떤 소통 방식을 가지고 있나요? 우리가 살펴본 바와 같이 탁월한 성과를 내는 조직은 단순히 효율적인 업무를 넘어 구성원 각자의 차이와 강점을 존중하고 유연한 사고와 실패를 허용하는 문화를 통해 지속적인 성장을 이룹니다. 이 모든 것이 가능해지려면 무엇보다도 심리적 안전감이 바탕이 되어야 하며, 이를 위해 리더의 역할이 중요합니다. 리더는 구성원들이 자유롭게 의견을 나눌 수 있는 환경을 조성하고 새로운 시도와 실패를 포용하는 자세로 소통해야 합니다. 이러한 조직에서는 구성원들이 서로 신뢰하고 함께 성장하며 더 나아가 놀라운 성과를 이룰 수 있습니다.

탁월한 성과를 내는 조직으로 거듭나기 위해 여러분도 지금 이 순간부터 변화를 시작해 보는 것은 어떨까요?

소통 연습

1. 우리 팀에서 각기 다른 배경과 경험을 가진 팀원들이 서로의 차이를 이해하고 존중하도록 돕기 위해 어떤 방법으로 서로의 업무 스타일이나 강점을 공유할 수 있을까요?

2. 내가 속한 조직에서 각 팀원이 가장 잘하는 일은 무엇인가요?
이 강점을 최대한 발휘할 수 있도록 내가 할 수 있는 지원은 무엇인지, 그리고 팀원들이 서로의 강점을 활용해 상호 보완적으로 일할 방법은 무엇일지 고민해 보세요.

3. 최근 우리 조직이 직면한 가장 큰 변화는 무엇인가요?
이 변화에 대해 내가 더 유연하게 대응하기 위해 시도할 수 있는 새로운 접근법이나 아이디어는 무엇인지 생각해 보고 이를 팀원들과 어떻게 공유하고 발전시킬 수 있을지 계획해 보세요.

5)

피드백: 팀원과 리더의 성장? SMART 코칭 대화법이 답!

우리 삶의 큰 변화는 어디에서 시작될까요? 그 답은 바로 '대화'에 있습니다. 우리가 매일 주고받는 대화 속에서, 그리고 그 대화가 이끄는 선택 속에서 우리의 삶은 끊임없이 변하고 성장합니다. 하지만 그 대화가 단순한 말의 교환이 아닌, 상대방의 성장을 돕고 함께 더 나은 길을 모색하는 '코칭 대화'라면 그 변화의 깊이는 더욱 커질 수 있습니다.

저는 코칭을 배우고, 코칭 대화를 습관화하면서 일과 삶에 놀라운 변화를 경험했습니다. 20대부터 막연히 꿈꿨던 '강의하는 사람'으로서의 삶을 살아왔지만, 강의만으로는 사람들의 진정한 성장을 돕기에는 한계가 있었습니다. 그러던 중 사람들의 잠재력을 전인적으로 바라보고 그들의 진정한 성장을 파트너로서 도울 수 있는 '코치'라는 역할을 발견하면서 제가 먼저 성장할 수 있었고 더 깊이 있는 변화를 끌어낼 수 있었습니다.

SMART 코칭 대화의 힘

여러 조직에서 커뮤니케이션과 조직 소통법에 대한 강의를 진행하며 깨달은 것이 있습니다. 짧은 강의만으로는 참석자들이 크게 변화하기 어렵다는 점이죠. 이러한 한계를 극복하기 위해 제가 발견한 강력한 도구가 바로 'SMART 코칭 대화법'입니다. 이 대화법을 통해 사람들은 조금씩 변화할 수 있었고, 조직도 점차 성장의 길로 나아갈 수 있었습니다.

SMART 코칭 모델은 『코칭하는 조직만 살아남는다』라는 책에서 소개된 것으로 조직 내 코칭에 최적화된 모델입니다. 이 모델은 업무와 조직 내 관계 그리고 개인의 커리어 개발까지 포괄하며 목표 설정, 대안 탐색, 실행 계획 수립, 리뷰와 피드백, 그리고 신뢰 관계 구축이라는 다섯 가지 요소로 구성되어 있습니다. 이 모델의 중심에는 '신뢰 관계'가 자리 잡고 있습니다. 이는 코칭의 성공을 좌우하는 필수적인 요소입니다.

<SMART 코칭 모델>
(출처: 『코칭하는 조직만 살아남는다』, 고현숙, 김병헌 외 3명, 두앤북)

특히 '신뢰 관계'는 대니얼 코일의 『최고의 팀은 무엇이 다른가』에서 강조된 '심리적 안전감'과 깊은 연관이 있습니다. 심리적 안전감이란 구성원들이 자신을 자유롭게 표현할 수 있고, 실수를 두려워하지 않는 환경을 말합니다. 코칭 대화에서 이 안전감은 필수적입니다. 구성원이 자기 생각을 자유롭게 나눌 수 있을 때, 비로소 진정한 성장이 가능해지기 때문입니다.

SMART 코칭 대화법은 이러한 신뢰 관계를 바탕으로 한 피드백을 가능하게 합니다. 이 대화법은 피드백을 주고받는 과정에서 상대방의 감정을 존중하고 구체적이며 긍정적인 피드백을 통해 기분 상하지 않게 전달할 수 있도록 돕습니다.

다음과 같은 질문들을 통해 피드백 코칭 대화를 진행해 보세요.

- 지금까지 진행 상황은 어떤가요?
- 현재까지의 성과에 대해 10점 만점에 몇 점을 주겠습니까?
- 목표 달성을 위해 잘하고 있는 것은 무엇이고, 다르게 해야 할 것은 무엇일까요?
- 일하면서 어떤 역량이나 강점이 발휘되었다고 생각하시나요?
- 일하는 과정에서 새롭게 배운 것, 파악한 것은 무엇인가요?
- 팀 전체에 공유하고 싶은 내용이 있다면 무엇일까요?
- 중단하거나 줄여야 할 행동은 무엇이고, 더해야 할 행동은 무엇인가요?
- 우리가 통제할 수 없었던 요인은 무엇인가요?
- 그럼에도 불구하고 우리가 할 수 있었는데 부족했던 행동이 있다면 무엇일

까요?

- 제가 목표 달성을 위해 무엇을 도와드리면 좋을까요?

- 이번 프로젝트에서 본인에게 의미 있었던 것은 무엇인가요?

- 새롭게 시도해 볼 액션플랜을 언제 다시 이야기 나눌까요?

<SMART 코칭 모델 '리뷰와 피드백'>
(출처:『코칭하는 조직만 살아남는다』, 고현숙, 김병헌 외 3명, 두앤북)

이 질문들은 상대방이 스스로 상황을 평가하고 개선점을 발견할 수 있도록 돕는 역할을 합니다. 또한 이 대화는 단순한 피드백을 넘어서 상대방의 주인의식을 높이고 몰입도를 증대시키는 데 중요한 역할을 합니다.

새로운 삶을 위한 코칭 대화

'기업 문화의 아버지'로 인정받고 있는 세계적인 석학 애드거 샤인은 리더와 조직 구성원이 대화할 때, 가장 중요한 덕목으로 '겸손함'을 강조합니다. 겸손함은 상대방을 존중하고 스스로 선택할 수 있도록 배려하는 태도라고 말합니다. 더 이상 일방적으로 지시하고 경험을 강요하는 시대는 지났습니다. 우리가 사용하는 언어와 대화 방식은 우리 삶의 질에 큰 영향을 미칩니다. 특히 하루 중 가장 많은 시간을 보내는 조직에서의 대화와 관계는 우리의 삶 전반에 걸쳐 중요한 역할을 합니다.

SMART 코칭 대화법은 처음에는 낯설고 어색할 수 있습니다. 그러나 꾸준히 시도하고 연습한다면 여러분의 삶에 강력한 무기가 될 것입니다.

이제 이 책을 덮기 전, 여러분에게 던지고 싶은 질문이 하나 있습니다.

"지금 여러분의 삶에서 가장 중요한 목표는 무엇이며, 그 목표를 달성하기 위해 현재 무엇을 시도해 볼 수 있을까요?" 이 질문을 마음에 새기며 저처럼 여러분의 삶과 조직에도 새로운 변화가 일어나길 간절히 응원하겠습니다.

모든 일의 시작과 끝은 소통이다

한 아이가 태어나 성인이 될 때까지 가장 많은 영향을 받는 것은 '말'입니다. 어떤 환경에서 어떤 말을 듣고 자라느냐에 따라 그 사람의 생각과 행동이 결정되죠. 그래서 '말'은 삶의 출발점이자 끝이라고 할 수 있습니다. 모국어는 우리가 처음 배운 언어지만, 그 이상의 의미를 가집니다. 모국어는 우리가 처음 경험하며 자연스럽게 익히는 언어이자 우리의 말 문화라고 할 수 있습니다.

첫 사회생활을 시작하는 신입사원도 마찬가지입니다. 조직에서 일하는 방법을 배우는 것뿐만 아니라, 그 안에서 사용하는 언어를 통해 '일의 모국어'를 익히게 됩니다. 아이가 태어나 부모에게서 언어를 배우듯이, 신입사원도 첫 직장에서 함께 일하는 사람들로부터 '일 언어'를 배우며 성장합니다. 20대의 첫 사회생활을 돌아보면, 작은 일 하나조차 어떻게 해야 할지 몰라서 질문하기도 어려웠던 순간이 떠오릅니다. 그때 동료와 선배가 먼저 다가와 건넨 말 한마디가 큰 힘이 되었고, 그 덕분에 일을 배워나갈 수 있었습니다. 호텔에서 고객을 응대하며 배운 일 언어는 이후 다양한 조직에서 소통하는 기본기가 되었습니다.

물론, 제 어린 시절 부모님께 받은 말 습관은 비교와 평가가 당연하였고,

인정과 칭찬은 부족했습니다. 그러나 첫 직장에서 배운 일 언어 덕분에 유연함과 감사하는 마음을 배우게 되었습니다. 이제 돌이켜보면, 그 부족함이 오히려 저를 소통 강사와 코치로 성장하게 해준 계기가 되었다고 생각합니다.

직장인의 81%가 일보다 사람이 맞지 않아 회사를 떠난다고 합니다. '사람이 맞지 않는다'라는 것은 결국 '소통이 되지 않는다'라는 의미이기도 합니다. 실제로 강의와 코칭에서 만나는 많은 분이 소통의 어려움을 겪고 있는 모습을 자주 보게 됩니다. 그런데 더 안타까운 점은 소통을 잘하기 위해 가장 먼저 알아야 할 '자기 이해'에 대한 경험이 부족하다는 것입니다. 정작 자신이 어떻게 소통하고 있는지 모르는 경우가 대부분이죠.

이 책은 일하면서 마주하는 모든 상황에서 소통을 잘하는 방법을 전하고자 합니다. 하지만 그보다 먼저, 나라는 사람이 어떤 성향으로 일 언어를 사용하고 있는지 돌아보는 시간을 가졌으면 좋겠습니다. 그리고 나의 소통법이 어떤 어려움을 겪고 해결하며 성장하게 했는지, 앞으로 어떻게 소통하면 좋을지에 대해 작은 깨달음을 얻을 수 있길 바랍니다.

여러분은 함께 일하는 사람들에게 어떤 사람으로 기억되고 싶으신가요?

코칭 대화 중 자주 던지는 질문이자, 저 역시 자주 떠올리는 질문입니다. 대부분 사람은 '일도 잘하고, 소통도 잘하는 사람'으로 기억되고 싶다고 합니다. 하지만 한 사람의 소통법은 책 한 권이나 강의 한 번, 코칭 한 번으로 쉽게 바뀌지 않습니다.

'돈오점수(頓悟漸修), 갑작스러운 깨달음에서 시작해 점차 수행해 나간 다'는 말처럼, 이 책이 여러분에게 작은 깨달음의 시작이 되고, 점차 소통 이 편안해지는 사람이 되길 바랍니다.

"소통은 우리의 생각을 나누고
성장할 수 있는 기회를 제공합니다."

- 브라이언 트레이시(Brian Tracy)